ENCICLOPEDIA
DE
LOS PERROS

ADOLFO PÉREZ AGUSTÍ

ENCICLOPEDIA
DE
LOS PERROS

© **EDIMAT LIBROS, S. A.**
Calle Primavera, 35
Polígono Industrial El Malvar
28500 Arganda del Rey
MADRID-ESPAÑA
www.edimat.es

ISBN: 84-8403-663-4
Depósito Legal: M-29515-2003
Autor: Adolfo Pérez

Impreso en Gráficas COFÁS, S.A.

El contenido de esta obra ha sido revisado y corregido por la veterinaria Dª Pilar Terrón

IMPRESO EN ESPAÑA - PRINTED IN SPAIN

CONTENIDO

EL MEJOR AMIGO DEL HOMBRE

Aunque el perro ideal es aquel que sirve para realizar todas las funciones para las que se ha desarrollado una raza, todos tenemos nuestra propia definición sobre el «perro ideal». Podría ser uno utilizado por la policía, como el pastor alemán o el sabueso que trepa por encima del equipaje en el aeropuerto y es capaz de encontrar el contrabando oculto. Tal vez es, también, el perro cruzado, que no pertenece a una raza definida, pero dotado de gran inteligencia, que ha sido utilizado para realizar tareas de dicha índole.

¿Existe verdaderamente una diferencia entre estos perros? A pesar de sus diferencias, ellos son todos perros útiles al hombre, animales que pueden aportar su propio trabajo y compañía, en ocasiones mejor que otro ser humano.

Hoy, aunque el perro es uno de los animales domésticos más habituales en las casas, lo que ellos hacen, y en ocasiones por qué lo hacen, es, para la mayoría de las personas, un misterio.

El perro que es capaz de cerrar una puerta que no debe estar abierta, que permanece horas y horas esperando el regreso de su amo sin protestar, lo mismo que aquel que recibe alborozado a todos los miembros de la familia, incluso aquellos a quienes hace meses no había visto, es, ante todo, un ser tan complejo emocionalmente como el ser humano.

Pero al perro no se le permite ser justo; solamente ha de ser obediente. La sociedad moderna lo requiere, y si usted tiene un perro, su seguridad y tranquilidad personal lo exigen así. Debe educarle para convertirle en un miembro disciplinado y eficaz en su casa, puesto que en caso contrario nadie disfrutará de su presencia. Afortunadamente, educar a un perro lleva menos trabajo que hacerlo con un humano y, además, una vez aprendida la lección ya no la olvida nunca.

Desde que el hombre observó que el perro podía correr más rápidamente que él, oir mejor, morder mas fuerte y seguir un sendero invisible pero lleno de olor, el perro ha encontrado una gran variedad de trabajos para desempeñar, tan dispares como el sabueso que encuentra a un niño perdido, o como el corgi que reúne a un gran rebaño de ovejas.

Aquellos que defienden que «ningún perro debe explotarse para nuestro propio uso...», deberían meditar antes sus palabras y ver la cara de felicidad de los perros cuando se saben útiles a su amo y el placer que sienten cuando su misión en la vida es algo más que comer, dormir y aburrirse. El perro no es diferente al ser humano en lo esencial y también necesita trabajar, ejercitar sus habilidades y ser aplaudido por ellas, lo que le incita a aprender un poco más cada día. No es una relación de «sirviente a su amo», sino el sentido exacto de lo que entendemos como «sociedad», en este caso formada por humanos y animales. Estas referencias son las que hacen que los perros realmente se hayan ganado el título de «el mejor amigo del hombre», y amigo no es lo mismo que lacayo o esclavo.

HISTORIA DEL PERRO

El perro pertenece al género Canis, *uno de los diez géneros de la familia de los cánidos y en la cual están incluidos los lobos, chacales y coyotes, todos ellos muy similares al perro doméstico. En este grupo hay otra gran cantidad de animales que también tienen puntos en común, como son el zorro, el mapache o el perro salvaje africano. Todos ellos son estupendos depredadores y eficaces cazadores, aunque ninguno ha conseguido adaptarse a la vida y costumbres de los humanos.*

Si los orígenes del hombre son aún confusos y cada nuevo descubrimiento desmiente las conclusiones anteriores, respecto al perro la confusión es aún mayor. Algunos hallazgos nos hablan de unos animales que podrían ser similares a los perros actuales, que se desarrollaron al mismo tiempo que los primeros primates y que se han denominado como *Cynodesmus*. De ese animal, y después de una larga evolución, derivó un tipo de lobo al que llamaron *Tomarctus* y que pudiera ser el que diera origen a todos los cánidos que aún conocemos hoy.

Prothylacynus. Mioceno

Es muy aventurado decir que el perro desciende del lobo, pero lo cierto es que tienen un origen común, ya que la teoría más aceptada nos dice que provienen de los lobos que se deplazaban acompañando las rutas nómadas de los primeros hombres, comiendo sus sobras, teniendo una jerarquía parecida a la de éstos, y defendían a su jefe –en este caso el hombre– y su grupo.

Pero teniendo en cuenta su tamaño y comportamiento, así como el lugar de procedencia, podríamos aventurar la siguiente clasificación:

El lobo americano se cruzó con los lobos de China que pasaron el estrecho de Bering, y este cruce pudo ser el origen del *eskimo dog* y el *alaska malamute*.

Por su parte, el lobo asiático pudo cruzarse con los lobos del norte de la India y del Tíbet, pudiendo originarse en este cruce el *chow-chow*. La gran difusión geográfica de los lobos asiáticos por la India, Persia y Oriente Medio produjo probablemente al dingo, los mastines y los lebreles. De este último nacieron el afgano, el saluki, el deerhound y el borzoi. El mastín, por su parte, dio origen al bulldog, carlino, de Terranova, San Bernardo, dogo alemán, y al sabueso de San Huberto.

Respecto al lobo europeo es probablemente el antepasado del perro pastor, el terrier y el spitz.

Finalmente, el perro pastor europeo es el antepasado del spaniels. Debemos tener en cuenta que todas estas hipótesis carecen de una base científica apoyada por pruebas concluyentes.

La creencia de que en realidad el perro es una evolución del lobo se confirma cuando se han encontrado algunas pruebas que sitúan al primer lobo domesticado por el hombre hace 12.000 años. Por motivos poco claros, en esa época, tanto el lobo como el perro estaban ya ampliamente difundidos por todo el planeta y se han encontrado restos de ellos en América, Europa y Asia. Lo que nadie nos ha conseguido explicar es la razón para esa amistad entre perro y humano que aún perdura hoy día y que no existe con ninguna otra raza, ni siquiera con los simios, nuestros primos hermanos.

Que los historiadores nos hablen de Rómulo y Remo, dos bebés humanos criados parece ser por una loba, nos indica que debe existir un lazo de unión entre el ser humano y el perro imposible de precisar o cuantificar, pero que permanece sólido como hace miles de años.

Indudablemente, hay aspectos en nuestro comportamiento que nos hacen similares, aunque también los hay con los simios y nunca hemos conseguido ese mismo lazo de unión. Los perros y aún más los lobos, estos últimos incomprensiblemente eternos enemigos del hombre, organizan su vida de manera similar a la nuestra, especialmente en su concepto de territorialidad. Al igual que nosotros buscamos tener nuestra vivienda, inviolable para el prójimo, y la defendemos frecuentemente con violencia, los cánidos tienen en su genética emocional el mismo sentimiento intenso.

Hay igualmente otros muchos aspectos de similitud: el lobo suele vivir con la hembra y ambos cuidan a sus cachorros arriesgando su vida para protegerlos. También, todos los clanes organizan sus cacerías, la búsqueda de la comida diaria, y cuando han de efectuar un ataque están perfectamente organizados. Tienen su propio jefe, no necesariamente el más joven sino el más sabio y con experiencia, y aunque el primero en probar bocado es el jefe, nadie pasa hambre.

Vean, pues, la similitud con nuestros banquetes sociales en los cuales el anfitrión es el primero que comienza a comer.

Pero, ¿cuándo aparecen los perros como compañeros nuestros y perdemos el interés por los lobos?
Y aún más: ¿cuál es la razón para que tengamos una convivencia tan sólida y pacífica con los perros
y no hayamos conseguido nunca nada similar con los lobos?

Si es cierto que el perro es un descendiente domesticado de los lobos, en algún momento tuvieron que ponerse de acuerdo hombre y lobo para no pelear entre ellos e intercambiar regalos, por decirlo de algún modo. Para el hombre era fácil, puesto que disponía de mayores habilidades e inteligencia para conseguir comida, adaptarse al clima y construirse casas sólidas.

Por eso hay quien afirma que los seres humanos se limitaron a darle las sobras de sus comidas y poco a poco se ganaron su confianza. Desde el primer día en que, además de comida, compartieron vivienda, el lobo empezó a domesticarse y a proteger ya a su amo. Cualquiera que entrase en su vivienda era un intruso que debía ser expulsado, y quién mejor que un lobo, domesticado pero igualmente poderoso, para hacerlo. De ahí a salir a cazar unidos ya solamente había un paso, que obviamente dieron juntos.

Hay un dato que confirma la posibilidad de que el perro y el lobo tengan una raíz común y es que ambos conservan hábitos similares, como el aullar o mover el rabo, además de enseñar los dientes a su enemigo, marcar con olores su territorio, ser víctimas de las mismas enfermedades y poner el rabo entre las piernas cuando están asustados.

Ya parece cierto que el perro actual es un descendiente lejano del lobo, aunque no tenemos muy clara la razón por la cual existen tantas razas de perros, tantos tamaños y aspectos, cuando lógicamente todos deberían ser similares al lobo. Muy posiblemente, los primeros cruces se hicieron, fortuita o deliberadamente, entre diferentes tipos de lobos. Después todo ha sido más sencillo y los perros se hicieron más dóciles gracias a su contacto con el hombre, mientras que los lobos permanecieron salvajes precisamente por conservar su independencia. Este mismo ejemplo de mutación animal, precisamente por permanecer unidos al ser humano, lo tenemos igualmente en el gato y el caballo.

EL PERRO, ALGO MÁS QUE UNA AYUDA EN EL TRABAJO

La historia es rica en mostrarnos esa simbiosis entre perros y humanos, aunque básicamente la hemos centrado en su labor como guardián y como ayuda para la caza. También se le emplea como eficaz trabajador y en ocasiones como alimento exquisito, pero en estas dos últimas utilidades no todo el mundo está de acuerdo.

Entre los egipcios, por ejemplo, quien maltrataba o mataba a un perro podía ser reo de muerte, algo que también asumían los persas; tan convencidos estaban de la gran utilidad del perro como guardián de ganados y protector del hombre. Los griegos, por su parte, aficionados a crearse dioses y divinidades, estaban convencidos de que el perro había sido creado por el dios Hefestos, creador del fuego y la forja, y por eso condenaban severamente a quienes les hicieran daño.

Otros, más extrañamente, mataban al perro cuando moría el amo, no sabemos si para que le acompañase también en la otra vida o porque no querían encargarse del animal.

Contradictoriamente, los hebreos nunca consideraron al perro como un animal con virtudes especiales y los chinos preferían utilizarlo como manjar.

Quienes se interesaron vivamente por el perro fueron Aristóteles y Ovidio, pensadores profundos ellos; ambos a través de sus escritos que sirvieron de guía para el buen cuidado de estos animales, aunque de poco sirvieron cuando la decadencia del Imperio Romano convirtió al perro en un vagabundo

de exterminación obligada. Desde entonces, y hasta la Edad Media, no tuvieron una vida fácil estos animales, considerados como engendros del diablo por algunos y pasatiempo cruel para otros.

Paradójicamente fueron los religiosos, los mismos que antes los habían marginado, quienes comenzaron a cuidarlos en los conventos, a clasificar las razas y a realizar cruces con un poco de sentido común.

De esa época conservamos numerosos cuadros y dibujos de perros acompañando al hombre en sus cacerías y hasta Marco Polo nos habla de su utilidad como ejército en las guerras. Posiblemente ese guerrero llamado Gran Khan fue el creador de unidades especiales de perros adiestrados especialmente para el combate, idea copiada por Isabel I y parece ser que también por los españoles durante nuestra colonización de América.

Un poco más tarde, en el siglo XVII, el perro sufrió, o disfrutó, de dos caminos diferentes: fue objeto de lujo para la aristocracia y eficaz trabajador sin sueldo para el pueblo. A esa dualidad debemos la mayoría de las razas actuales, con perros pequeños y ciertamente hermosos por un lado, y robustos y

agresivos por otro. Pronto se organizaron exposiciones caninas y paralelamente aparecieron los defensores de los derechos humanos, quienes alegaron que era indigno cuidar a un perro mientras existieran tantas personas pasando hambre.

Afortunadamente, hubo personas que buscaron la concordia y recordaron que la Naturaleza es un lugar en el cual viven millones de especies, todas poseedoras del mismo derecho a la vida y la felicidad.

SENTIMIENTOS CANINOS

*Salvando las diferencias, los perros, al igual que nosotros, tienen sus propios sentimientos,
por lo que provocaremos en la medida de lo posible no herirlo sin motivo.*

El hecho de que no podamos comunicarnos eficazmente con los perros y que no expresen sus emociones del mismo modo que nosotros, no implica que no puedan sentir con la misma intensidad el miedo, la alegría o el dolor. Todos los seres vivos están sujetos a las mismas leyes biológicas y las únicas diferencias radican en el modo de manifestarlas, perfectamente comprensibles para los de su misma especie, pero poco claras para nuestro corto entender.

Se dice que el perro no recuerda los hechos como nosotros y que si lo consigue apenas permanecen unas horas en su cerebro, pero su memoria asociativa es tremendamente práctica y rápida. No se cuestiona lo que ve u oye, no lo analiza, pero lo relaciona rápidamente con situaciones anteriores y puede recordar con mayor facilidad personas y situaciones del pasado. Su sentido del olfato, por ejemplo, es el mejor camino para que llegue a su cerebro, a su memoria, todo su pasado de manera instantánea, siendo capaz de acordarse bruscamente de un bebé humano que ahora tiene ya diez años, simplemente con oler un juguete destartalado.

El perro es un animal inmensamente sociable y con deseos de vivir en comunidad, pero exclusivamente con los suyos. Es muy posesivo de su territorio y no gusta de visitar o confraternizar con el resto del mundo, siendo esta la causa para que sea tan feliz durante toda su existencia en su hábitat, en su territorio.

No se siente feliz explorando nuevos mundos, ni mucho menos cambiando de amo. Por eso, el mayor disgusto que podemos darle es abandonarle, no tanto por el miedo a no disponer de comida, como por la soledad que le embarga. Tenía toda su vida centrada en su amo, en su habitual lugar para dormir y comer, y cuando lo pierde acaba desequilibrado mentalmente.

Espíritu de sacrificio

A diferencia de otros animales domésticos, como el caballo o el gato, el perro gusta y es feliz participando en la vida de su amo, ayudándole y compartiendo sus alegrías y dolores. No le preocupa permanecer horas y horas velando el sueño de un enfermo, ni le causa gran malestar no poder comer si le dejan abandonado. Es capaz de soportar los palos y los malos modos de su amo, solamente quejándose tristemente, mientras que se revolvería furioso ante el ataque fugaz de un extraño.

Imperturbable y paciente ante las diabluras de los niños, puede llegar, no obstante, a sentir celos de ellos si su amo no se comporta con delicadeza. Una vez que el bebé humano crece, la relación con el perro se restablece, puesto que ya no es un rival, sino un compañero de juegos.

El perro necesita besar a su amo mediante sus lamidos en la cara, lo mismo que busca ser acariciado y estrechado frecuentemente. Es sensible al mal trato y al desprecio, respondiendo a ello con el abatimiento y dejando de comer, del mismo modo que es capaz de reír, moviendo intensamente su cola, cuando le vuelven a otorgar un mínimo de cariño. Poco rencoroso y sumamente agradecido con cualquier detalle, puede recuperar en unos minutos la alegría perdida durante años, siempre y cuando perciba que el carácter de su amo es amigable realmente, nunca fingido.

Su lenguaje

Hay personas que afirman rotundamente que los perros no hablan, alegando que no emplean el mismo lenguaje verbal y sofisticado que nosotros, olvidando que nuestros antepasados más remotos posiblemente empleaban un sistema fonético muy similar al de los perros o al de los monos. Si nosotros, vanidosos humanos, no entendemos el lenguaje de los perros es porque no somos tan inteligentes como creemos, puesto que ellos son capaces de entendernos sin problemas, aunque no sepamos ladrar correctamente.

Los perros se comunican entre sí habitualmente y en ocasiones saben ignorarse, del mismo modo que lo hacen las personas cuando escuchan una palabrota de alguien despreciable.

Pueden permanecer cerca de otros perros sin inmutarse, mientras que se abalanzarían bruscamente sobre alguien que molestara a su amo. Su capacidad de reacción, por tanto, no es tan instintiva como pensamos y en ocasiones se muestran como muy racionales y selectivos.

Debemos ser capaces de entender su lenguaje, no tratando exclusivamente que ellos nos entiendan a nosotros. Un perro expresará su preocupación y miedo con las orejas bajas, mientras que unas orejas tiesas indican que algo le

llama la atención. Si las pone hacia delante es que presiente el peligro y está dispuesto a la lucha, y cuando simultáneamente enseña los dientes y tensa todos sus músculos, probablemente su ataque está próximo.

Todo el mundo sabe que cuando mueve la cola está alegre, pero también que puede dejar de moverla bruscamente y pasar a tensarla, señal inequívoca de que está dispuesto a la pelea. Una cola que se mueve es buena señal, mientras que si está quieta, aunque no exprese otra

emoción, es que está nervioso o que calibra sus posibilidades de éxito. Buen guerrero y estratega, sabe cuándo tiene posibilidades de éxito en una pelea, aunque abandona toda precaución aun a costa de su muerte cuando ve a su amo en peligro. Como un padre que sacrifica su vida por su hijo sin dudarlo, así se comporta el perro con sus amos y lo mismo hace con sus crías.

También sabemos que «poner el rabo entre las piernas» es señal de miedo y que elevar el labio superior indica agresividad. Otra señal de raciocinio o de supervivencia es cuando se tumba sobre su lomo pasivamente en señal de debilidad, buscando la compasión en su enemigo, lo que con frecuencia le lleva a encontrar un nuevo aliado.

Marcar su territorio

No nos debe desesperar que un perro recién traído a casa se ponga a orinar en cualquier lugar, puesto que está delimitando su territorio cuanto antes. No lo hacen esencialmente porque tengan ganas de evacuar, sino porque quieren evitar que otros de su misma especie invadan su espacio vital. Incluso cuando le llevamos a realizar sus necesidades en la calle busca con el olor un lugar aún sin dueño, incluso en un reducto minúsculo. Siempre encontrará un pequeño espacio que considerará suyo y allí les tendremos que llevar habitualmente. Por eso es peligroso acercarse a un perro que duerme o descansa en su lugar habitual. Si tenemos que intentar una aproximación, hagámoslo primero cuando esté paseando o alejado de su vivienda.

Son como niños

Respecto al juego, habrá que recordar que es una parte esencial en la vida afectiva y corporal del perro. Necesita correr detrás de una mariposa o un pájaro, detrás de su amo o en ocasiones tras los coches. Curiosamente, en la medida en que el perro es más eficaz, más necesita jugar, puesto que los perros débiles deben permanecer siempre alertas para ponerse a salvo. Un perro que no juega será un mal cazador y un mal guardián, por lo que debemos proporcionarle sus propios juguetes para que los emplee cuando nosotros no podamos atenderle. Esos juguetes los llevaremos incluso cuando salgamos de viaje, excluyendo las pelotas pequeñas o los objetos punzantes. No cometamos la equivocación de lavarlos con agua y jabón, puesto que el olor les sirve también para que les tome cariño e identificarlos.

COMPRAR UN PERRO

Antes de que usted compre un perro hay algunas preguntas para considerar su deseo.

Una de las más importantes es: *¿Tengo bastante tiempo?* Un cachorro exige al dueño una gran atención durante su crecimiento si quiere tener luego un buen perro, aunque ello no excluye que no se les deba prestar atención cuando son adultos. Los perros necesitan comida y agua fresca diariamente, además de jugar con sus amos y hacer ejercicio.

Otras preguntas son:

¿Tengo bastante espacio? Un gran danés metido en un apartamento no estará muy contento si no puede correr por los jardines de los alrededores.

¿Tengo bastante paciencia? Si usted quiere un perro bien educado necesitará tener mucha paciencia con él, puesto que un perro especializado no llega por naturaleza. Pero aun cuando usted no haya conseguido educarle completamente, su perro necesitará efectuar paseos diarios y en esos momentos tendrá que vigilarle mucho, especialmente cuando haga sus necesidades.

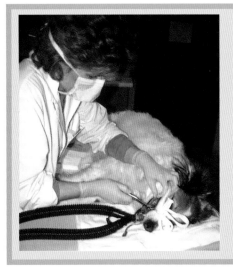

¿Tengo bastante dinero?

Posiblemente pueda tener suficiente dinero para comprar el perro, pero sepa que necesitará dinero extra para las facturas del veterinario, la comida, los cosméticos, las correas y todo lo que suele comprarse para que su perro permanezca feliz y saludable. Si usted ha conseguido responder afirmativamente a la mayoría de estas preguntas, probablemente puede tener y cuidar un perro feliz.

Luego tendrá que encontrar un lugar para comprar su perro. Mucha gente prefiere buscarlo en la Sociedad Protectora de Animales, allí donde abandonan a sus mascotas quienes ya no pueden atenderlos, pero si es así procure informarse muy bien quién tuvo al perro y sobre su estado de salud. También puede comprarlo en una tienda especializada, un lugar en el cual encontrará animales perfectos e incluso con pedigrí, lo que es una ventaja, pues seguramente tendrán ya una ficha del animal.

Por último, no se olvide de esos perros maltratados por todos, que vagabundean por las calles buscando una mano amiga, o de aquellos a quienes

sus amos han decidido sacrificar llevándolos a las perreras. Todos ellos pueden ocupar un lugar en su corazón con la misma facilidad que un perro que haya tenido la suerte de ser atendido correctamente desde su nacimiento.

Si se decide por comprarlo a un criador de confianza, seguramente el perro será un buen ejemplar. Incluso allí le podrán mostrar o hablar sobre quiénes eran sus padres, puesto que en el caso de que se nieguen a ello usted pensará que existe algún problema.

Pero una vez que tenga decidido dónde comprar su cachorro tendrá que considerar qué tipo de perro necesita. Si vive en un apartamento o una casa pequeña posiblemente necesitará un perro pequeño, como un corgi galés, un pequinés o un chihuahua, a no ser que pueda sacarle a pasear sin problemas todos los días a un campo.

Si el apartamento está dentro de la ciudad, necesitará un patio cercado o una terraza para que disponga allí de su territorio y un mínimo de espacio para moverse sin romperle nada. Tenga cuidado con la posibilidad de que su perro ladre mucho y con frecuencia, puesto que posiblemente tenga problemas con los vecinos. Usted ha decidido tener un perro en su casa, pero sus vecinos no, así que no les haga sufrir las consecuencias de sus actos.

VIAJAR CON SU PERRO

Casi todos nos encontramos algún día con este problema: ¿qué hacer con el perro cuando salimos de vacaciones? Primero tendrá que decidir si puede o quiere llevárselo con usted antes de adquirir su perro. Si su perro no es muy sociable, no está bien domesticado o no es apto para estar alrededor de las muchedumbres, es mejor dejarlo en casa, con un amigo o en una perrera. Si no lo hace, posiblemente usted y su perro pueden tener serios problemas en las vacaciones.

Una vez que ya ha resuelto llevárselo, prepare las maletas de ambos. Llévese una gran bolsa para su perro en la cual necesitará llevar comida y su vasija habitual, además de un recipiente para el agua que no se abra fortuitamente, la correa, el bozal, sus juguetes y otros detalles habituales. También deberá asegurarse de que su perro ya está acostumbrado a montar en un vehículo, y para eso le debe haber acostumbrado antes. Un viaje muy largo en el asiento trasero es con frecuencia el mejor lugar para el mareo y los nervios, tanto en los animales como en las personas. Pida en la farmacia algunas pastillas para el mareo o diríjase a la clínica veterinaria más cercana, donde le orientarán. Si, aun así, el perro se marea, deberá parar y dejar que se recupere, evitando posteriormente viajar muy rápido o al menos procure llevar alguna ventanilla un poco abierta.

No se olvide de llevar suficiente comida para las primeras horas, puesto que es posible que no la encuentre rápidamente en su lugar de destino.

Importante: Siempre que haga un alto en el camino, saque a su perro con usted. ¡Nunca lo deje solo en el automóvil! Su perro podría herirse tratando de salir a través de las ventanillas. Tampoco es humano dejarle a pleno sol dentro del coche mientras usted toma plácidamente un refresco. A su perro, con seguridad, le gustará tener la oportunidad para estirar también sus patas. Gradualmente, en la misma medida en que se prolongue el viaje, aumente el tiempo entre las paradas y saque a pasear a su perro para hacerle más soportable el viaje.

Siempre asegúrese que lleva en el cuello el collar con la identificación y su número de teléfono por si acaso se pierde en el viaje. Sin éstos, las oportunidades para recuperar a su perro perdido son prácticamente nulas. Aunque el animal sea un hábil rastreador, si se encuentra perdido en un lugar extraño a cientos de kilómetros de su casa le será imposible retornar.

Recuerde:

- *Si piensa alojarse en hoteles, consulte las listas de los que admiten animales de compañía.*

- *Aproveche para hacerle una revisión antes de partir y llévese el último certificado de vacunación, y si su destino es el extranjero, consulte los requisitos de entrada en el consulado o embajada del país.*

- *Es conveniente un baño, cepillado y corte de uñas antes de partir.*

- *Su animal debe ir perfectamente identificado, ha de llevar el nombre en el collar y el teléfono del propietario.*

- *El microchip es la mejor medida para evitar que lo roben.*

CÓMO EDUCAR A UN PERRO

Aunque los métodos de entrenamiento varían, algunos de estos consejos le ayudarán a empezar. Primera advertencia: al perro se le hace obediente, no nace ya así. Sin embargo, algunas razas pueden ser más dóciles, aunque ello no quiere decir que sepan obedecer sin un adiestramiento. Ante todo debe educarle para convertirle en un miembro más de la familia, casi con los mismos privilegios y obligaciones. Por ello, y al igual que ocurre con los niños, el carácter del perro será un fiel reflejo del de su amo. Los amos agresivos generan perros agresivos y las familias que gustan de pelearse todos los días desequilibran el carácter de los perros. Tenga en cuenta que si los miembros de ese hogar discuten, el perro no sabrá a quién defender y le volverán loco en pocas semanas.

Si se comporta usted bien, cualquier perro puede recoger los beneficios de su ejemplo y conseguirá que tenga una obediencia básica. Se quedará asombrado sobre lo que puede lograr con su perro dedicándole solamente quince minutos al día. Es una responsabilidad, ya lo sabemos, pero vale la pena.

¿Se debe castigar a un perro?

Qué fácil es castigar a un perro, ¿verdad? Simplemente usted le da un golpe, le grita para intimidarle y pronto el animal se refugia en un rincón con el rabo entre las piernas. Tan grandote y fiero era unos segundos antes y ahora ya le tiene usted atemorizado. Seguramente se sentirá orgulloso de su poder, del mismo modo que se sienten muy poderosos los padres que pegan a sus hijos. Pero no sea cretino y no se comporte como un imbécil. Nada hay más gratificante en la vida que ser bondadoso, paciente y comprensivo con los animales, especialmente con aquellos que todo lo dan y apenas nada nos piden, salvo compañía y cariño.

Hay una gran diferencia entre castigar a su perro y corregir un error que él ha cometido. Castigar a un perro le hace sentirse mal al animal y pensar que ha sido un perro malo. Le hace ponerse avergonzado y muy triste. Pronto estará compungido, desmoralizado, e intentará encontrar la manera de ir a su alrededor en busca de una aprobación. El castigo sin palabras y con golpes le lleva a una oscuridad profunda. No es útil para su entrenamiento.

Usted debe encontrar un modo para corregirle y cada corrección debe ser específica para cada problema. En ocasiones lleva bastante tiempo hacerle cambiar su conducta, pero cuando lo consiga parecerá que nunca haya existido. El perro siente entonces que él ha sido básicamente bueno y que ha cometido un error y, especialmente, que a usted no le gustan los errores. Por consiguiente, es probable que intente cambiar su conducta, agradarle y hacer su vida más feliz. Ese es su mayor premio.

No sea muy severo con la educación

Habitualmente, realizar correcciones suele ser suficiente para conseguir el resultado que usted quiere y no necesitará nada más, aunque tendrá que efectuarlas con paciencia. Por ejemplo, con un perro tímido y humilde podría decirle simplemente con un tono cansado: «¡Eso que has hecho es asqueroso, no me gusta!» Este perro se corregiría para no volver a realizar lo mismo, al menos durante un periodo más o menos largo. Pero con un perro más fuerte, o uno muy terco, seguramente esa corrección apacible no funcionará. Después que usted lo haya probado una vez, el perro seguramente volverá a hacer lo mismo y si esto es mojarle el suelo seguramente usted se enfadará mucho. En ese momento es cuando puede aumentar la cantidad del correctivo e incluso la calidad, y le dará un golpe en el muslo con su mano, pegando su nariz en la mancha húmeda,

diciendo: «¡perro malo!» Pero en ambos casos, y sin importar lo intensas que hayan sido sus palabras, usted debe cesar su corrección justo en ese momento. Es decir, cuando piense que su perro ha entendido sus intenciones, debe actuar como si nada hubiera pasado. Bueno, puede insistir un poco, ahora con mucha amabilidad, explicándole que mojar el suelo no está bien y hasta le puede llevar al sitio idóneo para esos menesteres, suponiendo que disponga de un césped.

Use este mismo sistema de corrección en todo el trabajo con su perro. Emplee simplemente la necesaria insistencia para que realice el trabajo, ninguna más, y deje de insistir cuando perciba que lo ha entendido, aunque sea momentáneamente. El secreto de la educación de un perro es emplear los menos castigos posibles para conseguir que se comporte adecuadamente.

Sea cariñoso, casi tanto como su perro lo es con usted

Cuando usted abraza sólidamente a su perro, poniendo sus brazos alrededor de su pecho o cuello, le está proporcionando un sentimiento de seguridad y aprecio hacia él. Así como las personas se sienten orgullosas en el trabajo o la escuela cuando hacen algo bien y por ello reciben una alabanza, o cuando reciben una felicitación o beso inesperado, los abrazos satisfacen una necesidad en los perros. A ellos les gusta percibir que su amo se sienta orgulloso por su comportamiento, así como por su simple presencia.

Usted debe demostrarle que están unidos y para ello nada mejor que abrazarle. Puede unir el abrazo con una alabanza verbal cuando hace algo especialmente bien, como coger la pelota y devolvérsela, o cuando permanece apoyado entre dos patas babeando feliz. Emplee algo de su tiempo para hablar con su perro y dígale frases como: «Eres un gran perro, y me alegro que estés conmigo.» Las palabras sirven para tenerle contento, pero un abrazo a su cuerpo va más allá y llega a rincones de su mente mucho más profundos.

Ojo, no abrace a ningún perro que esté traumatizado por su dueño o que se asuste con facilidad, puesto que le podría morder. Para esta situación, el entrenamiento es necesario si quiere eliminar las causas de su miedo y agresividad. Posteriormente, estos perros también serán candidatos a un abrazo.

Cuando su perro no progresa en la educación

Cuando esté enseñando un nuevo trabajo a su perro, y vea que existe un punto en donde no puede conseguir que el perro haga lo que usted quiere, o incluso deja de intentar hacerlo, pruebe esto: vuelva a la última cosa que su perro consiguió aprender y repítala. Felicítele por ello y pruebe el nuevo trabajo. Si tiene éxito consiguiendo que responda correctamente en el nuevo trabajo, alábelo de nuevo. Si el perro parece desconcertado o no colabora, intente otro trabajo sencillo que comprenda. Si, aun así, todo es inútil, déjelo para otro día.

Pautas para un buen entrenamiento

Siempre esperamos que los perros de los demás huyan rápidamente de nosotros y los nuestros acudan igualmente rápidos; difícil contradicción. Un método de entrenamiento positivo muy bueno para conseguir algo parecido se llama entrenamiento del *clicker* (chasquido). Usándolo, usted puede conseguir que su perro entienda lo que desea. Como beneficio adicional, logrará educarle sin necesidad de gritos o golpes.

El método *clicker* es una forma de operar en el cual se emplean los refuerzos condicionados para la educación del perro. Para muchos cuidadores es el primer modelo de aprendizaje científicamente probado y que ya es empleado en muchas populares academias de entrenamiento.

Lo primero que se hace es condicionar al perro para que haga algo y lo segundo es premiarle. La frecuencia de una conducta se aumenta o se disminuye por el uso de refuerzos y castigos. El *clicker* se usa para definir la conducta que usted quiere y aumentar la probabilidad para que esta conducta se repita frecuentemente en el futuro.

En este sistema, el sonido, aparentemente complicado, se convierte en un sistema de enseñanza realmente fácil de manejar. En primer lugar, un *clicker* es un ruido que marca un deseo. Se hace un sonido determinado para cada acción requerida por nosotros. Lo primero que necesita para este sistema es convencer al perro de que el *clicker* es una cosa buena y que cada vez que él lo oiga le espera una gratificación.

Esto a veces se denomina como «cobrar la recompensa», y todo lo que necesita hacer es esto: efectúe el sonido y pida algo. No espere que lo realice de inmediato, solamente haga el sonido y pida. Repita hasta que el perro empiece a percibir que tiene que hacer algo cada vez que oiga ese sonido. Usted deberá notar que el perro empieza a estar simplemente alerta, con sus orejas tiesas

puestas en la dirección del silbato, tantas veces como escuche el sonido. Poco a poco aumente la frecuencia de los sonidos, incluso hasta treinta repeticiones, y vea si el perro responde con su estado de alerta. Si es así, prémiele con un pequeño obsequio.

Luego, perfeccione su conducta exigiendo algo concreto. Por ejemplo: si usted quiere que el perro se ponga tumbado en el suelo, plenamente alerta, dígale que se ponga abajo y efectúe el sonido cuando sus codos se pongan en la tierra. Gradualmente, alargue el tiempo en que los codos del perro deben permanecer pegados al suelo antes de que usted haga el sonido. Cuando todo comience a ponerse bien, empiece a variar su refuerzo, tratando de que permanezca más o menos tiempo apoyado en el suelo. Use premios grandes cuando todo salga perfectamente. Finalmente, y de un modo gradual, suprima el silbato por alabanzas vocales.

A continuación, enséñele una nueva conducta, como recuperar una pelota. Una de las maneras para lograr esto es emplear el silbato o un sonido especial. Por ejemplo, haga botar la pelota en una pared y emita el sonido cuando el perro se vuelva a mirar la pelota. Cuando el perro ya ha tomado conciencia del juego, haga botar la pelota de nuevo y emita otra vez el mismo sonido si ve que el perro camina hacia la pelota, pero solamente lo debe hacer si camina con seguridad en dirección a la pelota. Repita lo del sonido (recuerde, voz o silbato) cuando el perro toque la pelota. Si la llega a coger con sus dientes efectúe un nuevo sonido, el mismo en caso de que haya decidido no soltarla. Si en ese momento el perro está realizando de forma consistente esta aparentemente sencilla ocupación, es el momento de

pedirle que vuelva hacia usted. A cada paso, use muchas frases de alabanza (incluso ofrézcale obsequios o su juguete favorito) y no le corrija en el supuesto de que no haga todo de forma correcta, simplemente deje de tocar el silbato o de aplaudirle. Este mecanismo de enseñanza quizá le parezca muy complicado, pero con unas pocas sesiones conseguirá que le obedezca.

Reglas básicas para el entrenamiento con sonidos:

1. No permita que su perro o usted se desmoralicen. Si el perro no está consiguiendo su propósito, simplemente deje de insistir con firmeza y trabaje ese día en algo más sencillo.

2. Dé una vez, y sólo una vez, cada orden.

3. Procure darle un nombre a cada acción. Así el perro también la identificará y parecerá que entiende el lenguaje humano.

4. Sólo refuerce con premios o sonidos las conductas que usted prefiera.

5. Use premios extraordinarios para las actuaciones extraordinarias.

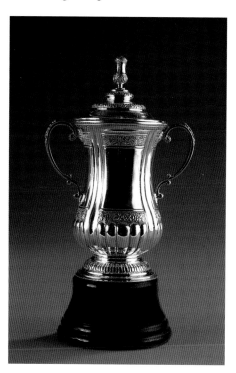

Pasos a seguir en el entrenamiento con pelotas

Puesto que correr detrás de una pelota se realiza en ocasiones con otros perros o personas a su alrededor, su animal necesitará que le corrijan cuando esto sea así. Es probablemente la parte más difícil del adiestramiento para perseguir objetos. Hay varias alternativas para resolver este problema, aunque no todos los perros responderán bien a los mismos métodos. Lo primero es evitar que se distraiga con cosas sencillas y poco a poco incorpore distracciones nuevas y más intensas. Esto aportará una gran confianza a usted y al perro a la hora de realizar una labor compleja. Lo primero es lograr que no se distraiga por la presencia de otros perros y para ello escoja perros tranquilos y que no les guste ladrar. Poco a poco, póngale a trabajar con otros animales más problemáticos.

Evite que su perro se distraiga

Nunca le grite o le atemorice en las primeras fases del entrenamiento. Por el contrario, alábele cuando deje de intentar acercarse a otro perro, aunque debe tener cuidado en no asustar a ninguno de los dos.

Si es posible, ponga varias personas amigas para que formen un obstáculo hacia el objeto a coger. Estos amigos deben suponer una barrera que el perro deberá franquear sin problemas y rápidamente para llegar a coger la preciada pelota.

Una vez finalizado este entrenamiento con personas, es el momento de agregar nuevos ingredientes para conseguir que no se distraiga con nada. Ahora emplearemos el agua en la cara. Sitúe de nuevo a algunos amigos en la senda que deberá seguir el perro y pídales que le tiren un poco de agua al rostro cuando pase por su lado. Este ejercicio le servirá para lograr que sea capaz de seguir imperturbable su camino, pero también para que actúe como correctivo. Por ejemplo: si se para o va en busca de otro perro cercano, tírele agua a los ojos cada vez que lo intente.

Tenga mucho cuidado en no asustarle. Y la prueba final: ponga en su camino algunos perros y pídale que le traiga la pelota sin detenerse o vacilar. También puede poner ropa suya o un juguete de sus hijos en el caso de que lo de los perros sea más problemático. Si es capaz de identificar los objetos y, aun así, no detenerse para llegar a coger la pelota, tendrá ya un perro perfecto.

EL DEPREDADOR HUMANO

Nuestro ya fenecido siglo XX ha seguido manteniendo esa divergencia entre los amigos de los perros y quienes consideran a los animales como «algo» a su servicio, y por eso en época de guerra los perros sirvieron como alimento a una población hambrienta, mientras otros eran utilizados como bombas vivientes. El perro, por su parte, mucho

más fiel al ser humano, era capaz de permanecer al lado de un hombre enfermo sin esperar ni siquiera comida, o dar la vida por defenderle de sus agresores. Su nobleza, valentía y fidelidad no declinaron nunca, ni cuando había abundancia de comida y cuidados, ni cuando su amo la emprendía a patadas con él sin motivo.

Tampoco se escapan a esa crueldad los científicos, especialmente aquellos que creen que el hombre es el ser supremo y que por ello tienen derecho a torturar y mutilar a los animales para sus experimentos. Esas personas cuentan con toda clase de protección legal para hacer daño a los animales, perros incluidos; mientras que alguien cuando golpea a un perro en la calle puede ser sancionado por la ley, ellos disponen de toda clase de apoyo y dinero para matarles dentro de la impunidad que les proporciona un laboratorio. Afortunadamente, y aunque las leyes les protejan, no se escapan ya de las críticas y la repulsa de un sector cada vez más amplio de la población, y sus nombres al menos no pueden ya pasar a la historia como benefactores.

DECLARACIÓN UNIVERSAL DE LOS DERECHOS DE LOS ANIMALES

El texto definitivo de la Declaración Universal de los Derechos del Animal fue adoptado por la Liga Internacional de los Derechos del Animal y por las Ligas Nacionales afiliadas después de la III Reunión sobre los Derechos del Animal, celebrada en Londres del 21 al 27 de septiembre de 1977. La declaración proclamada el 15 de octubre de 1978 por la Liga Internacional, las Ligas Nacionales y por las personas físicas que se asociaron a ellas, fue aprobada por la Organización de las Naciones Unidas para la Educación, la Ciencia y la Cultura (UNESCO) y posteriormente por la Organización de las Naciones Unidas (ONU).

Guía
de
Razas

División de las razas según la F. C. I.*

Perros de Utilidad: *Esta categoría reúne a las razas que, tradicionalmente, por sus características físicas han realizado trabajos de guardián, de tiro, de pastoreo, etc., y disfrutan demostrando las habilidades para las que han sido creados, aunque actualmente muchos de ellos son perros de compañía.*

Perros de Caza: *En esta categoría se agrupan las razas que habitualmente acompañan a los cazadores, para el rastreo, cobrar la presa y hacerla nuestra.*

Perros de Compañía: *A esta categoría pertenecen los perros falderos tradicionales, no hay que confundirlos; son unos guardas estruendosos, cariñosos y algo posesivos.*

Perros Lebreles: *Están encuadrados en esta categoría los perros que destacan por tener una gran velocidad como principal característica.*

* Federación Canina Internacional.

Descripción de las fichas de razas

Nombre de la raza

Mapa del origen de la raza*

Informacón sobre:
Historia
Comportamiento
Características
Peculiaridades

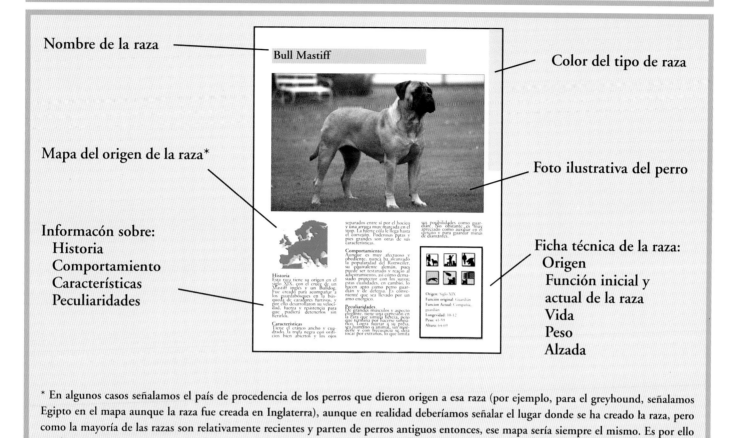

Bull Mastiff

Color del tipo de raza

Foto ilustrativa del perro

Ficha técnica de la raza:
Origen
Función inicial y
actual de la raza
Vida
Peso
Alzada

* En algunos casos señalamos el país de procedencia de los perros que dieron origen a esa raza (por ejemplo, para el greyhound, señalamos Egipto en el mapa aunque la raza fue creada en Inglaterra), aunque en realidad deberíamos señalar el lugar donde se ha creado la raza, pero como la mayoría de las razas son relativamente recientes y parten de perros antiguos entonces, ese mapa sería siempre el mismo. Es por ello que hemos optado por señalar en algunos casos la procedencia de los perros que dieron cruces a las razas y en otros el lugar desde se creó.

Iconografía

 Normalmente tiene un buen comportamiento con otros perros.

 Normalmente tiene un buen trato con los niños.

 Es un buen perro para la guarda del hogar.

 Necesita hacer ejercicio habitualmente.

 Por su tipo de pelo, necesita cuidados frecuentes de cepillado y lavado.

 Está habituado a vivir en la ciudad .

Razas de Utilidad

Akita

Origen: Siglo XVII.
Función original: Caza mayor, peleas de perros.
Función actual: Compañía, seguridad.
Longevidad: 11-12 años.
Peso: 34-52 kg.
Altura: 58-70 cm.

HISTORIA

La raza, originaria de la isla de Honshu, Japón, surge por primera vez en el siglo XVII. Su utilización ha estado casi limitada a las peleas de perros, aunque hoy, gracias a organizaciones japonesas para la preservación de razas caninas, se ha podido salvar de una extinción segura. Es la raza japonesa de mayor tamaño, originariamente criada para cazar ciervos y jabalíes, aunque más tarde fue utilizado como perro de peleas.

CARACTERÍSTICAS

De gran belleza física, tiene un cuerpo fuerte de gran musculatura y las extremidades poseen una estructura ósea bien desarrollada. Todo el cuerpo está cubierto de un pelaje duro y espeso de largura media, con una capa inferior más corta y lanosa. La cola ancha y de

abundante pelo queda enroscada en el dorso en forma de anillo. El cuello es ancho y musculoso, soportando una cabeza grande y ancha que termina en un hocico no demasiado largo. Las orejas son pequeñas, erguidas en forma de triángulo, mientras que los ojos son oscuros y oblicuos.

COMPORTAMIENTO

Su carácter independiente y reservado obliga a un adiestramiento severo y continuado. Puede ser malhumorado y agresivo, pero una vez adiestrado es idóneo para la defensa o la compañía. Inteligente, pero obstinado, puede ser muy pendenciero con otros perros.

PECULIARIDADES

Se cree que existía ya hace 5.000 años y por eso ocupa un lugar importante en la mitología japonesa. En la actualidad su importación está muy restringida, puesto que el gobierno japonés lo considera como patrimonio nacional. Su peculiar cola, enroscada en forma de anillo sobre el dorso, le proporciona un atractivo intenso.

Utilidad

Alaskan malamute

Origen: Antigüedad.
Función original: Tirar de trineos, cazar.
Función actual: Compañía, tirar de trineos, carreras de trineos.
Longevidad: 12 años.
Peso: 40-58 kg.
Altura: 57-70 cm.

HISTORIA

Desciende de los lobos árticos de la costa oeste de Alaska; hoy tiene su máxima representación en Estados Unidos. Su nombre procede de una tribu de Alaska denominada Mahlemutes, famosa por sus bien cuidados perros de nieve.

CARACTERÍSTICAS

A pesar de su feroz apariencia, es un animal amistoso de gran belleza física. Su cuerpo, perfectamente estructurado, está cubierto de una espesa manta de pelo con una capa interior más lanosa. Su cabeza es alargada y ancha, con el cuello largo y fuerte. Tiene unas orejas erguidas y puntiagudas, y los ojos, ligeramente almendrados, son oscuros, mientras que su cola está cubierta de pelo largo, llevada en forma de anillo pendulante sobre el dorso.

COMPORTAMIENTO

Tiene los sentidos de la orientación y el olfato muy desarrollados. Se emplea con gran éxito como perro de trineo y de búsqueda en operaciones en la nieve. Su carácter amistoso y adaptable ha hecho que se le reconozca como animal muy útil. El Alaskan malamute se considera como una de razas de perros más inteligentes y trabajadoras.

PECULIARIDADES

No gusta de pertenecer a nadie en concreto y prefiere mantenerse independiente como líder de su grupo. Su gran seguridad y fortaleza hace que sea muy difícil de educar y se prefiera dedicarlo a las carreras o ejercicios de fuerza. En la literatura inglesa permanece siempre como un compañero inseparable de aventureros y expedicionarios, especialmente en las novelas del legendario Jack London.

Australian shepherd

HISTORIA

Este perro, llevado a California a mediados del siglo XIX, tiene su origen en un cruce de pastores de Australia y Nueva Zelanda.

CARACTERÍSTICAS

De talla media, su constitución es robusta y presenta un manto de pelo abundante un tanto áspero. Tiene las orejas caídas y los ojos casi siempre azules, aunque, en ocasiones, pueden presentar otros tonos; la trufa es casi siempre marrón. Su cuerpo tiende a ser ligeramente largo y presenta las patas traseras bien empenachadas, apoyando su peso en unos pies sólidos y anchos.

COMPORTAMIENTO

Gracias a su obediencia, este perro es cada vez más popular, criado especialmente como pastor de trabajo adaptado al clima californiano. De carácter cariñoso, es muy adecuado para la vida familiar, utilizándose a veces en labores de búsqueda y rescate.

Procedencia: Siglo XX
Función original: Pastor de ovejas
Función actual: Compañía, pastor de ovejas
Longevidad: 12 años.
Peso: 15-30 kg.
Altura: 48-57 cm.

PECULIARIDADES

Amigo de los caballos, con quien comparte espacio y carreras, se muestra como un animal muy resistente y de fuerte carácter. También es un buen vigilante y amigo de los niños, con quien gusta de jugar; se emplea actualmente para el cuidado de las granjas, pues posee la habilidad de pasar sin problemas entre las patas de las ovejas. En momentos claves lanza un aullido que logra poner a los animales en la ruta correcta.

Utilidad

Bearded collie

HISTORIA

Admirado en Escocia ya en la época romana, no fue hasta el siglo XVI cuando se hizo popular entre los pastores. Se cree que desciende de los perros pastores polacos de la llanura y es posible que tenga cierto parentesco con el bobtail. Cantado por poetas, quienes mencionaban siempre su gran barba blanca, tuvieron que pasar, no obstante, muchos años antes de que se le considerase como un buen animal de trabajo.

CARACTERÍSTICAS

Se trata de un perro robusto, de cabeza grande y morro alargado, con ojos distantes y orejas caídas de tamaño mediano, ocultas bajo su largo y robusto pelo. Su torso es plano y queda dividido de forma natural por el pelaje; las patas anteriores se caracterizan por su cubierta de pelo largo y lanudo.

COMPORTAMIENTO

A pesar de ser una raza poco difundida, posee un carácter cariñoso que lo hace muy apropiado como perro de compañía. Aunque ya apenas se utiliza para este trabajo, es también excelente en la conducción de rebaños.

PECULIARIDADES

Nuevamente de moda en Gran Bretaña después de muchos años de abandono, su buen carácter y sus cualidades como guardián le han convertido en un perro muy apreciado. Incansable y alegre, es adecuado para el juego, siempre y cuando estemos dispuestos a permitir que revuelva la casa.

Procedencia: Siglo XVI.
Función original: Pastor de ovejas.
Función actual: Compañía.
Longevidad: 13 años.
Peso: 17-27 kg.
Altura: 50-57 cm.

Bobtail

Procedencia: Siglo XIX.
Función original: Pastor de ovejas.
Función actual: Compañía.
Longevidad: 11 años.
Peso: 27-33 kg.
Altura: 54-64 cm.

HISTORIA

También conocido como Pastor inglés, este perro tiene un origen incierto; algunos lo emparentan con el briard y otros con el caniche. En cualquier caso, la cría selectiva se inició en Gran Bretaña a finales del siglo XIX. Hay quien afirma que en realidad su origen está en un perro ruso, peludo, denominado owtcharka, que llegó a Gran Bretaña procedente de zonas bálticas.

CARACTERÍSTICAS

Es un musculoso perro de cabeza casi cuadrada, ojos oscuros y orejas pequeñas. Carece de cola y, si algún ejemplar naciera con ella, es obligatorio amputársela. Todo su cuerpo está cubierto de abundante pelo, que es muy suave cuando cachorro, aunque paulatinamente se vuelve más duro. Las patas delanteras poseen una capa interior impermeable.

COMPORTAMIENTO

Inteligente y dócil, el bobtail es un excelente compañero y, además de en el pastoreo, es utilizado en diversas actividades de guarda y compañía. Con su

andar elástico y su voz armoniosa, es un perro que no pasa inadvertido, pero que requiere un cepillado frecuente de su tupido manto por la facilidad con la cual desarrolla eccemas de difícil solución.

PECULIARIDADES

De aspecto feliz, necesita no obstante cariño y mucho juego para que esté sano. Aunque redondo y gordito, posee una estupenda simetría y unos andares muy graciosos, a lo que contribuye especialmente su cola amputada desde hace siglos. Esto se debe a que sólo los perros pastores con la cola cortada no pagaban algunos impuestos especiales.

Utilidad

Border collie

Procedencia: Siglo XVIII.
Función original: Pastor
de ovejas/ganado vacuno.
Función actual: Compañía,
pastor de ovejas, pruebas de
pastoreo.
Longevidad: 12 años.
Peso: 15-25 kg.
Altura: 45-56 cm.

HISTORIA
De origen británico, esta raza surge del cruce entre perros pastor de reno y pastor de Valée. Su nombre actual se le dio en el año 1915. Hoy, es el perro pastor de trabajo más conocido en Irlanda y el Reino Unido.

CARACTERÍSTICAS
Hay dos variedades de border collie de pelo duro, con más cantidad de pelo y más largo, y de pelo liso, mucho más corto y menos denso; su aspecto más común es negro y blanco. Sus extremidades son más bien cortas, el tronco es largo y robusto, y la cola llevada baja llega hasta los corvejones, dibujando un pequeño remolino en la punta. El cráneo es ligeramente ancho, con stop evidente, hocico alargado con trufa oscura o negra, ojos separados de mirada vivaz y orejas triangulares semierguidas. Es un perro con los sentidos de la vista, olfato y oído muy desarrollados, lo que le convierte en un perro de múltiples recursos.

COMPORTAMIENTO
Utilizado siempre como excelente perro pastor para guardar y conducir rebaños, también ha sido reconocida su labor de protector y defensor del hombre. Por su instinto de trabajador incansable no es muy recomendable su vida en la ciudad. Necesita de espacios amplios y abiertos; perro de carácter muy equilibrado, es apto para muchas utilidades.

PECULIARIDADES
Es un perro muy fiel y está siempre pendiente de su dueño. Su fino oído le permite escuchar la voz del pastor a cientos de metros de distancia y bien educado es capaz de cuidar y guardar él solo el ganado. Incansable e inteligente, lo único que necesita es un plato de comida y estar ocupado trabajando.

Briard

stop muy marcado, terminada en un morro negro un tanto cuadrado, cortas orejas y ojos grandes. Su denso manto le permite trabajar en duras condiciones climáticas.

COMPORTAMIENTO

Posee fuertes instintos guardianes y es un excelente perro pastor, y gracias a su oído finísimo es muy valorado también como centinela. Aunque es un perro muy tímido y algo agresivo con los extraños, se le conoce por ser muy cariñoso y bueno con los suyos.

PECULIARIDADES

Muy eficaz cuidando los rebaños y en ocasiones fiero, es sumamente paciente con los niños y fácil de educar. Sus espolones dobles presentes en las patas traseras son un indicativo de raza antigua y le han dado una categoría especial en los concursos, lo mismo que su elegante manera de

correr. Se le conoce también como perro pastor de Brie.

Procedencia: Edad Media/ siglo XIX.
Función original: Guardar/pastorear ganado.
Función actual: Compañía, seguridad.
Longevidad: 11 años.
Peso: 29-34 kg.
Altura: 56-68 cm.

HISTORIA

De origen incierto, se piensa que es cruce del pastor de Beauce con el griffon à poil Laineux, y era ya utilizado en la Edad Media. Sin embargo, no fue hasta la Exposición de París, en 1863, cuando obtuvo la popularidad merecida. Fue introducido en Europa como perro pastor junto con otros perros de Hungría y Rusia.

CARACTERÍSTICAS

Completamente cubierto por un abundante pelo, largo y flexible, se caracteriza por una fuerte cabeza alargada, con

Utilidad

Bullmastiff

HISTORIA

Esta es una raza que tiene su origen en el siglo XIX, con el cruce de un mastín inglés y un bulldog. Fue creado para acompañar a los guardabosques en la búsqueda de cazadores furtivos, y por ello desarrollaron su velocidad, fuerza y resistencia para que pudiera detenerlos sin herirlos.

CARACTERÍSTICAS

Tiene el cráneo ancho y cuadrado, la trufa negra con orificios bien abiertos y los ojos separados entre sí por el hocico y una arruga muy marcada en el stop. La fuerte cola le llega hasta el corvejón. Poderosas patas y pies grandes son otras de sus características.

COMPORTAMIENTO

Aunque es muy afectuoso y obediente, nunca ha alcanzado la popularidad del rottweiler, su equivalente alemán, pues puede ser testarudo y reacio al adiestramiento, así como demasiado protector con los suyos; estas cualidades, en cambio, lo hacen apto como perro guardián y de defensa. Es conveniente que sea llevado por un amo enérgico.

PECULIARIDADES

De grandes músculos y aspecto elegante, tiene una expresión en la cara que simula fiereza, pero que termina por hacerse simpático. Logra sujetar a su presa, sea humano o animal, sin morderle y con frecuencia se deja tocar por extraños, lo que limita sus posibilidades como guardián. No obstante,

Origen: Gran Bretaña.
Función original: Guardián.
Función actual: Compañía, guardián
Longevidad: 12 años.
Peso: 40-62 kg.
Altura: 60-72 cm.

es muy apreciado como auxiliar en el ejercito y para guardar minas de diamantes.

Canaán dog

HISTORIA

Tiene su origen en Palestina, siendo utilizado durante siglos por los beduinos y otros nómadas del desierto de Negev como perro pastor y guardián. Pero fue la doctora Rydolphina Menzel en los años 30 quien realizó su cría específica en Jerusalén dando origen a la raza de canaán dog, con todo el esplendor que hoy conocemos.

CARACTERÍSTICAS

Es de pelaje corto pero abundante, liso y áspero, de ojos casi redondos y oscuros, y cabeza ancha. Las orejas en alzada, de punta redondeada y origen amplio, permaneciendo separadas. De un tamaño medio, puede alcanzar los 60 cm de altura y 25 kg de peso.

COMPORTAMIENTO

Actualmente su desempeño nos ofrece gran versatilidad, siendo empleado como rastreador, en rescates, búsquedas y también como perro lazarillo o pastor.

PECULIARIDADES

También denominado como Perro de Canaán, es sumiso, trabajador y fácil de educar; se adapta bien al hogar. Aprende su trabajo con gran rapidez. Se le considera un eficaz sustituto de las palomas mensajeras, así como un buen colaborador en las tareas de rescate de heridos en las confrontaciones bélicas o desastres meteorológicos.

Origen: Antigüedad.
Función original: Pastor de ovejas.
Función actual: Guarda ganado, pastor, rastreo, compañía.
Longevidad: 13 años.
Peso: 15-25 kg.
Altura: 47-62 cm.

Utilidad

Cão da Serra da Estrélla

HISTORIA
De origen portugués, es una de las razas más antiguas de la Península Ibérica, posiblemente descendiente de los antiguos mastines asiáticos. Se hizo popular durante la Edad Media. Denominado como perro mono, hay quien le considera un cruce con el pastor de Brie.

CARACTERÍSTICAS
Se trata de un perro robusto, con cabeza voluminosa y potentes extremidades, de fuerte osamenta y musculatura. Sus ojos ovalados están dispuestos horizontalmente, tiene pequeñas orejas caídas y una gruesa cola. Su denso pelaje, que no duro, le hace apropiado para trabajar en las frías condiciones de la sierra.

COMPORTAMIENTO
Aunque es muy cariñoso con el amo, puede resultar bastante agresivo con los extraños. Su carácter dominante le capacita para defender el ganado, enfrentarse a los lobos e incluso tirar de carros por los caminos rurales, pero es poco adecuado como perro de compañía.

PECULIARIDADES
Trabajador, alegre y muy saludable, responde muy bien a los trabajos complicados siempre que tenga un amo capaz. Se adapta muy bien a cualquier lugar y circunstancia, y solamente requiere ciertos cuidados en su pelaje, similar al de las ovejas.

Origen: Edad Media.
Función original: Guardián de ganado.
Función actual: Compañía, perro de ganado.
Longevidad: 12 años.
Peso: 31-52 kg.
Altura: 60-74 cm.

Collie de pelo corto

HISTORIA

De origen británico, surge del cruce entre el collie de pelo largo y el greyhound.

CARACTERÍSTICAS

Su aspecto es idéntico al del collie de pelo largo, posee su misma estructura corporal flexible y robusta, teniendo también el cráneo ancho entre las orejas y el hocico largo y redondeado. Se diferencian en el pelaje, mucho más corto, de aproximadamente dos centímetros de largo, menos brillante y denso.

COMPORTAMIENTO

Su carácter bondadoso e inteligente, más obediente que su hermano de pelo largo, le ha convertido en un excelente compañero, adaptable a la vida en la ciudad y a los niños. Posee un carácter muy equilibrado, se muestra voluntarioso para cualquier labor y es muy fácil de adiestrar.

Procedencia: Siglo XIX.
Función original: Pastor de ovejas.
Función actual: Compañía.
Longevidad: 14 años.
Peso: 15-30 kg.
Altura: 50-61 cm.

PECULIARIDADES

Claramente diferenciado del de pelo largo, no es muy conocido, pero sí muy apreciado por quien lo tiene y posee todas las virtudes de su pariente de pelo largo. Soporta muy mal los concursos de belleza y se encuentra plenamente feliz cuando tiene que realizar trabajos, como por ejemplo cuidar cualquier tipo de rebaño.

Collie de pelo largo

Procedencia: Siglo XIX.
Función original: Pastor de ovejas.
Función actual: Compañía.
Longevidad: 13 años.
Peso: 17-29 kg.
Altura: 48-60 cm.

do está alerta, mostrándose totalmente erguidas. Los ojos son de color marrón oscuro o avellan, suavemente almendrados y oblicuos. Las extremidades son más cortas en proporción a la largura del cuerpo; la cola, llevada baja, llega más abajo de los corvejones, dibujando un pequeño remolino en la punta. El pelo es más largo en el cuello, papada y pecho, parte inferior del tronco y posterior de las patas, cuartos traseros y cola, siendo muy corto, suave y fino en toda la cara y los dedos de los pies.

COMPORTAMIENTO

Empleado sobre todo como perro pastor, es muy utilizado también como perro de compañía, perro salvavidas o perro de defensa y lazarillo. Es aconsejable su adiestramiento, pero éste ha de ser suave y delicado. Su aspecto transmite una gran simpatía, lo que está acorde con su buen carácter. Acepta de buen grado dormir a la intemperie.

PECULIARIDADES

Elegante y de bonitos colores, consiguió darse a conocer mundialmente gracias a la película «Lassie». Inteligente, afectuoso, familiar y adaptable a todo, puede ser empleado para cualquier trabajo y situación. Soporta perfectamente, gracias a su pelaje, los inviernos más duros.

HISTORIA

Raza que surge con su aspecto actual a finales del siglo pasado en Gran Bretaña. Quizá tuviera en sus orígenes las patas y el hocico ligeramente más cortos. Las primeras referencias serias de esta raza datan de hace 1.500 años, en cuya época los poetas ya cantaban romances sobre este perro.

CARACTERÍSTICAS

Es un perro de porte elegante, flexible y robusto. En él destaca su hermoso pelaje, de textura dura, liso, largo y muy abundante. La cabeza es amplia entre las orejas, con hocico largo, estrecho y redondeado, terminado en trufa siempre negra. Las orejas triangulares están semierguidas salvo cuan-

Deutscher boxer

Origen: Década de 1850.
Función original: Guardar, hostigar toros.
Función actual: Compañía.
Longevidad: 12-13 años.
Peso: 22-38 kg.
Altura: 50-65 cm.

HISTORIA

Fue creado en Alemania, en 1850, teniendo su origen en el *Canis familiaris decumanis* –antiguos perros de pelea descendientes del *anglicus* y el *britannicus*–; provenía, pues, de Inglaterra. Descendiente también de los perros utilizados para combates con toros de Brabante, la cuidada selección ha dado lugar a un perro cariñoso y juguetón. Se le considera por tanto la raza alemana producto del cruce con perros ingleses, y los primeros datos oficiales datan de 1896.

CARACTERÍSTICAS

Presenta una cabeza proporcionada, con la parte superior del cráneo ligeramente arqueada; trufa ancha, negra y respingona, con los orificios nasales bien abiertos; grandes ojos oscuros y orejas amputadas erguidas en la parte superior; la cola también la lleva amputada. La mandíbula inferior sobrepasa un poco la superior, cuyo labio es grueso y acolchado. En general, es un perro fuerte y musculoso.

COMPORTAMIENTO

Es dinámico y protector, muy utilizado por la policia o como lazarillo por personas ciegas. Su carácter divertido hace que se porte toda su vida como un cachorro, lo cual le hace excelente compañero de los niños, siendo también muy apreciado como perro de compañía.

PECULIARIDADES

Gracias a su mandíbula poderosa es capaz de morder y respirar simultáneamente. Poco dado a ladrar, se muestra en ocasiones obstinado y necesita mucho movimiento y actividad. Es bastante sensible al calor y al frío, gastando muchas energías en su trabajo, por lo que su apetito es insaciable. Tiene tendencia a engordar y esto hace que tenga corta vida y que acuse con frecuencia enfermedades reumáticas.

Utilidad

Dobermann

HISTORIA

Surge en Alemania hacia finales del siglo XIX sin que sepamos qué razas fueron ulilizadas para crearlo, aunque las hipótesis más creíbles señalan al rottweiler, pinscher, terrier y greyhound como las razas de origen. Su creador, un recaudador de impuestos llamado Dobermann, pensó en conseguir un perro de defensa agil e imponente capaz de defenderle ante cualquier situación

CARACTERÍSTICAS

Su cuerpo fuerte y elástico es de gran belleza. Sus extremidades musculosas terminan en pies pequeños pero bien preparados para la marcha. El pecho es profundo, con gran capacidad pulmonar, apto para la resistencia. La cola está amputada al igual que las orejas, aunque puede competir sin que éstas últimas estén cortadas. La cabeza es alargada y estrecha. Los ojos oscuros son reflejo de su carácter seguro y decidido. Las orejas están pegadas altas y hacia atrás. El pelaje que envuelve todo su cuerpo es corto, duro, muy denso y suave. Su imponente dentadura está dispuesta en tijera.

COMPORTAMIENTO

Las hembras suelen ser más tranquilas y cariñosas, pero al igual que el macho, desconfiadas con los extraños. El macho, nervioso e impulsivo, necesita un adiestramiento más duro y enérgico. Desde su creación, el dobermann se ha utilizado sobre todo para la defensa y el ataque, siendo de gran ayuda en las guerras europeas de principio de siglo y como perro de defensa de diferentes cuerpos militares y policiales.

PECULIARIDADES

Aunque fue creado en la década de 1870-1879 por Louis Dobermann, nunca se supo qué perros cruzó para lograrlo. De fuerte arrojo y temperamento, no se asusta ante los disparos ni las explosiones y resiste los golpes sin lamentarse. Solamente acepta un amo en su vida, por lo que se recomienda acogerlos cuando son cachorros. Hay que educarlo para que no ladre y para que acepte la presencia de otros perros.

Origen: Siglo XIX.
Función original: Guardar.
Función actual: Compañía, seguridad.
Longevidad: 11 años.
Peso: 29-41 kg.
Altura: 60-71 cm.

Eskimo dog

Origen: Antigüedad.
Función original: Cargar sobre el lomo, tirar de trineos y carreras de trineos.
Función actual: Tirar de trineos, carreras de trineos.
Longevidad: 12 años.
Peso: 28-47 kg.
Altura: 50-69 cm.

Utilidad

HISTORIA
De origen siberiano, fue importado a finales del siglo XIX a Groenlandia y Alaska, donde goza de gran popularidad. Este tradicional perro esquimal procedente de la Siberia Oriental, se adaptó rápidamente al trabajo en equipo para arrastrar trineos en ambientes árticos.

CARACTERÍSTICAS
Su aspecto refleja fortaleza y agilidad. Tiene un cuerpo grande y simétrico, y las extremidades son musculosas y resistentes, terminadas en dedos almohadillados con un pelaje que le protege del frío. El cuello es de tamaño medio ligeramente inclinado. La cabeza alargada es muy similar a la del lobo. Las orejas son erguidas y puntiagudas, mientras que la mandíbula está muy desarrollada y los ojos de forma almendrada son oscuros. La cola, cubierta de largo pelo, está dispuesta en anillo pegada al dorso. Su pelaje está compuesto de una capa inferior con un manto de grasa natural que impide el paso del frío extremo, y encima de esta capa hay otra de pelaje más largo y duro.

COMPORTAMIENTO
El eskimo dog requiere de un fuerte adiestramiento para la obediencia y el reconocimiento de sus superiores humanos. Puede soportar muchos grados bajo cero y recorren distancias de hasta 40 km sin parar. Aunque su carácter es dócil e incluso cariñoso, no logra adaptarse totalmente a la vida como animal de compañía. Como descendiente de la familia de los lobos, su ladrido rara vez se oye, pero sus aullidos en conjunto con su manada son más frecuentes.

PECULIARIDADES
Muy eficaz en climas helados, este amistoso perro es conocido también por Husky. Su largo manto de pelo posee una subcapa impregnada de grasa natural que impide que la humedad y el frío puedan llegar a la piel, pudiendo soportar temperaturas de hasta –70º.

Gos d'atura català

HISTORIA

Tiene su origen en España y está posiblemente emparentado con el pastor de los Pirineos. Por este motivo hay quien piensa que este perro es en realidad una raza descendiente de granjeros del sur de Francia.

CARACTERÍSTICAS

Comúnmente utilizado para el pastoreo y la guarda de ganado, se caracteriza por su denso pelo, largo y ondulado, que le cubre todo el cuerpo. Presenta

bigote y barba que casi cubren su nariz y labios, completamente negros. También cubiertas de pelo están sus orejas, altas y puntiagudas; tiene los ojos muy juntos.

COMPORTAMIENTO

Aunque es un perro adiestrable y obediente, presenta en algunos casos un carácter muy independiente, especialmente los machos. Se encuentra especialmente a gusto con el ganado lanar, incluso cuando él solo tiene que manejar más 1.000 cabezas. Dotado de una inteligencia poco común, no necesita apenas entrenamiento. Por desgracia, es una raza en vías de extinción.

PECULIARIDADES

Perro dotado de barba y bigote, y del cual existen dos variedades que se diferencian por la longitud de su pelaje, se le conoce también como perro pastor

catalán. Tiene especiales aptitudes como mensajero y guardián.

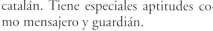

Procedencia: Siglo XVIII.
Función original:
  Pastorear/guardar el ganado.
Función actual: Compañía.
Longevidad: 14 años.
Peso: 15-24 kg.
Altura: 42-51 cm.

Gran bouvier suizo

Utilidad

HISTORIA

De nacionalidad suiza, tiene su origen en la Edad Media, cuando acompañaba a los soldados en el combate. También era utilizado por los carniceros para conducir el ganado. Este gran bouvier suizo ha sido educado más recientemente para templar su agresividad y lograr un buen temperamento.

CARACTERÍSTICAS

De aspecto fino pero musculoso y pelaje corto, posee un largo y delgado cuello, una caja torácica amplia, de

patas anteriores largas y rectas, y orejas pequeñas en forma de rosa.

Es un perro de gran porte, robusto y de constitución fuerte, con patas musculadas apoyadas en pies cortos y redondos. Su cabeza presenta manchas simétricas en blanco y rojo herrumbre, pero la trufa y los labios son siempre negros. Sus ojos están rodeados por unos párpados ceñidos de color pardo, con orejas y cola siempre caídas.

COMPORTAMIENTO

Perro fiel, ha sido utilizado como guardián y guía de ganado, pero su mayor función es como perro de defensa. Necesitado de amplios espacios, es poco apto para la vida urbana. Aunque muestra buen temperamento con las personas, puede ser problemático con otros perros.

PECULIARIDADES

Se le ha empleado como pastor de vacas y bueyes, así como para tirar de carros ambulantes por su fuerte resistencia y salud, aunque si flaqueaba era senten-

ciado a ser comido por su propio amo. Insensible al frío, demuestra un carácter tranquilo y nada agresivo, pero amante de proteger a su amo. Paciente con los niños, necesita estar al aire libre y ejercitar su olfato.

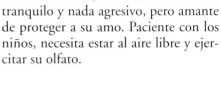

Procedencia: Antigüedad/ siglo XX.
Función original: Tirar de carros.
Función actual: Compañía.
Longevidad: 10 años
Peso: 50-62 kg.
Altura: 60-75 cm.

Groenendael (pastor belga)

Origen: Edad Media/siglo XIX.
Función original: Pastor de rebaños.
Función actual: Compañía, perro guardián.
Longevidad: 12 años.
Peso: 22-29 kg.
Altura: 54-62 cm.

HISTORIA

De origen belga, es hoy una de las cuatro razas de pastores belgas reconocidas. Un criador belga, Nicholas Rose, obsesionado por la purificación de razas nativas, creó el groenendael tal y como lo conocemos hoy. A pesar de ser un perro muy antiguo, la raza no fue clasificada hasta 1891, momento en el cual se dividieron los pastores belgas en función de su pelo corto, duro y de color y siempre negro.

CARACTERÍSTICAS

De aspecto fino pero musculoso y pelaje corto, posee un largo y delgado cuello, un caja torácica amplia, de patas anteriores largas y rectas, y orejas pequeñas en forma de rosa. Su aspecto, muy similar al del pastor alemán, es robusto y fuerte, con extremidades un poco más largas. La cabeza, también algo convexa, tiene el hocico largo y estrecho terminado en trufa negra. Las orejas son altas y erguidas, de forma triangular, y los ojos, de color marrón oscuro, transmiten inteligencia. Los pies tienen dedos definidos con almohadillas grandes y duras. La cola es larga y está bien empenachada. Su pelaje es largo, denso y abundante, siempre de color negro, de más largura en el cuello, parte posterior de las patas y la cola.

COMPORTAMIENTO

Es un perro idóneo para la vigilancia, la búsqueda y la defensa de las personas y propiedades. Su adiestramiento debe empezar a los pocos meses de nacer, se adapta bien a la vida familiar y le gusta jugar con los niños.

PECULIARIDADES

Perro pastor de mediano tamaño, manifiesta un gran cariño hacia sus amos, siendo por ello buen vigilante. Se le conoce también como pastor belga, y la actual selección trata de hacerle algo menos tímido.

Utilidad

Hovawart

orejas pequeñas en forma de rosa. Es un perro robusto, de ladrido fuerte, con la frente ancha y orejas implantadas en la parte superior de la cabeza, triangulares y caídas. La trufa suele ser negra y la cola, bien empenachada, se extiende hasta el corvejón, y todo su cuerpo está cubierto por un manto de pelo largo y suave.

Origen: Edad Media/siglo XX.
Función original: Guardián de ganado/casas.
Función actual: Compañía, guarda.
Longevidad: 14 años.
Peso: 25-41 kg.
Altura: 58-70cm.

HISTORIA

De origen alemán, fue muy conocido en la Edad Media como perro de guarda. Sus orígenes más fidedignos datan del año 1200 en los cuales se le menciona como un cruce con los perros de guarda de los montes del Schwarzwald.

CARACTERÍSTICAS

Tiene un aspecto fino, pero musculoso, y pelaje corto; posee un largo y delgado cuello, una caja torácica amplia, con patas anteriores largas y rectas, y

COMPORTAMIENTO

Inteligente, adiestrable y obediente, es un perro familiar y afectuoso. Muy resistente a la intemperie, es especialmente útil en la guarda de jardines y casas de campo. Es importante que el adiestramiento no comience a edades muy tempranas, puesto que de hacerse así se deformaría su alegre y bonachón carácter.

PECULIARIDADES

Vigilante, casero y sociable, es un perro que necesita bastante ejercicio. Adecuado para deportes y salvamento de personas, especialmente en la nieve.

Necesita ser útil y trabajar junto a su amo, siendo un perro digno de confianza que gusta también de jugar y aceptar las bromas.

Utilidad

Husky siberiano

Origen: Antigüedad.
Función original: Tirar de trineos.
Función actual: Compañía, carreras de trineos.
Longevidad: 13 años.
Peso: 18-28 kg.
Altura: 48-62 cm.

Utilidad

HISTORIA
Fue llevado a Norteamérica, concretamente a Canadá, desde su lugar de origen en Siberia a principios de este siglo. Criado por los nómadas chukchi de Asia Nororiental para controlar y reunir los renos, fue posteriormente más popular por sus éxitos en las carreras de trineos.

CARACTERÍSTICAS
Tiene aspecto fino pero musculoso y pelaje corto, posee un largo y delgado cuello, una caja torácica amplia, de patas anteriores largas y rectas y orejas pequeñas en forma de rosa.
De aspecto fuerte, elegante y ligero, tiene el cuerpo cubierto de un gran pelaje, más denso y lanudo en su capa inferior, idóneo para soportar bajas temperaturas. La cola, también muy cubierta de

pelo largo, necesita de ciertos cuidados en la época de muda. Sus patas son musculosas y muy ágiles. La cabeza ancha y alargada con las orejas altas y erguidas. Los ojos pueden ser de cualquier color desde azules a marrones.

COMPORTAMIENTO
Su carácter es cariñoso y tranquilo, rara vez ladra, pero suele participar en aullidos colectivos como los lobos. En Alaska es muy popular su utilización como perro de tiro en las carreras de trineos.

También es excelente como perro de compañía.

PECULIARIDADES
Lo podemos encontrar bien descrito en las aventuras de Jack London, aunque frecuentemente es confundido con el malamute y el eskimo dog. Necesita de un buen entrenamiento para lograr que sea eficaz tirando trineos. Tuvo un buen comportamiento durante la Segunda Guerra Mundial en sus labores de rescate y búsqueda de heridos.

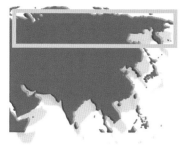

Labrador retriever

Utilidad

HISTORIA

De origen canadiense, de la región de Terranova, llegó a Inglaterra por la ruta del comercio del bacalao. Actualmente es el perro familiar más extendido por todo el mundo, y en sus camadas se puede ver frecuentemente algún cachorro amarillo, lo que ha contribuido eficazmente a su popularidad.

CARACTERÍSTICAS

Es un perro de cuerpo corto pero muy robusto, y su pecho profundo y ancho alberga potentes pulmones que le hacen resistente. Sus patas, de gran osamenta, son musculosas y fuertes. La cola «de nutria» tiene una largura media y se mantiene en forma de sable. La cabeza es ancha, con stop bien marcado. Las orejas son colgantes, pegadas a unas

mejillas marcadas. Destaca su mandíbula potente en forma de tijera, apta para el apresamiento. Los ojos suelen ser marrones oscuros de forma ovalada. Tiene un subpelo que le protege de la humedad, mientras que su pelaje liso es duro, denso y corto, más largo y abundante en la cola.

COMPORTAMIENTO

Su carácter atrevido y vivaz, además de su desarrollado olfato, le proporcionan cualidades excepcionales para la caza, pero es, sobre todo, un buen compañero para toda la familia. Le podremos emplear con eficacia en labores que impliquen arrojarse bruscamente al mar o para trabajar con pescadores.

PECULIARIDADES

Especialmente apto para meterse en el agua, también se le reconocen cualidades para localizar drogas, encontrar a personas en las minas hundidas, rescate en terremotos y como guía de ciegos. Tranquilo y nada agresivo, es adecuado para estar con niños y la familia.

Origen: Siglo XIX.
Función original: Perro de muestra.
Función actual: Compañía, perro de muestra, pruebas de campo, de asistencia.
Longevidad: 14 años.
Peso: 25-34 kg.
Altura: 54-57 cm.

Malinois (pastor belga)

Origen: Edad Media/siglo XIX.
Función original: Pastor de ganado.
Función actual: Compañía, seguridad.
Longevidad: 14 años.
Peso: 24-29 kg.
Altura: 50-65 cm.

HISTORIA

A finales del siglo XIX la escuela veterinaria belga tomó esta raza como punto de partida para la clasificación de los perros pastores belgas. Fueron los hermanos Huyghebaert quienes le pusieron inicialmente el nombre de pastor belga de pelo corto malinois.

CARACTERÍSTICAS

Es muy similar al perro pastor alemán; su cuerpo es robusto, bien musculado y proporcionado. Posee el hocico ligeramente más largo que el cráneo, máscara negra en la cara y trufa de orificios muy abiertos. Los ojos son suavemente almendrados de color marrón oscuro, las orejas triangulares erguidas y la cola, muy cubierta de pelo, llega más abajo de los corvejones. Su pelaje liso, denso y corto en colores que van del arena al rojo, forma una capa protectora perfecta.

COMPORTAMIENTO

Se dice que es más resistente y potente que el perro pastor alemán, e incluso éste está siendo sustituido por el malinois en funciones de pastoreo, ayuda policial, como perro guardián, etc. Es aconsejable un adiestramiento fuerte debido a cierta tendencia a morder.

PECULIARIDADES

Conocido también como mechelaer y pastor belga, es de color rojo pardo, con antifaz negro. De los pastores belgas es el más seleccionado para trabajo y no para belleza, por esto ahora es un buen perro de utilidad, de guarda y defensa. Es muy equilibrado.

Mastín del Pirineo

Origen: Antigüedad
Función original: Pastor.
Función actual: Compañía.
Longevidad: 13 años.
Peso: 20-31 kg.
Altura: 47-58 cm.

HISTORIA
Tiene el nombre de varias razas de gran tamaño empleadas como guardianes, entre ellas el mastín napolitano y el mastín español. De similar procedencia de tierras mediterráneas, posiblemente de Italia.

CARACTERÍSTICAS
La cabeza es grande, fuerte, con líneas con tendencia al paralelismo. La cara mantiene un perfil recto, aunque discretamente triangular, disminuyendo paulatinamente hacia la trufa, ésta de color negra húmeda, grande y ancha. De ojos pequeños, almendrados, de color avellana, poseen una mirada atenta, noble, simpática e inteligente,

agudizada por sus párpados negros, el inferior ligeramente caído.

El tronco es rectangular, robusto, y la cola con nacimiento grueso e inserción media, poblada y flexible. El pelo es tupido, grueso y moderadamente largo, con la capa blanca y máscara bien definida. Puede tener ocasionalmente manchas del mismo color repartidas de forma irregular.

COMPORTAMIENTO
Posee una gran elegancia al andar, aunque su marcha preferida es el trote, armónico, potente y sin tendencia a la lateralidad. Algunos ejemplares se muestran muy tímidos, posiblemente a causa de la debilidad en sus pies, pues con frecuencia no corresponden a la gran robustez de sus patas.

De carácter afable puede, no obstante, ser agresivo con otros perros, aunque no se conocen datos de mal comportamiento con las personas; ágil al andar, con poco apetito, suele conservar un aspecto poderoso con pocos cuidados.

PECULIARIDADES
No existe un límite máximo en la talla, aunque se prefieren los ejemplares con unas medidas entre 77 y 81 cm para los machos y 72 y 75 cm para las hembras. La cola se enrosca en su final cuando el animal está en movimiento, aunque nunca se dobla totalmente, ni descansa sobre la grupa. Se perciben perfectamente los músculos en sus miembros inferiores, así como los tendones, y posee pies de gato con dedos apretados, con la membrana interdigital provista de pelo.

Utilidad

Mastín del Tíbet

Origen: Antigüedad.
Función original: Guardián de rebaños.
Función actual: Compañía, guarda.
Longevidad: 11 años.
Peso: 64-82 kg.
Altura: 80 cm y más.

casi exclusivamente de exposición, nada agresivo, pero no duda en defender su territorio.

PECULIARIDADES

También conocido como dokhyi, es un animal de músculos poderosos, perfectamente adaptable a la montaña y al clima rudo. Su fortaleza le permite luchar incluso con osos, por lo que frecuentemente son atados con cadenas para evitar que escapen. Muy agresivos con los extraños, requieren una educación muy comprensiva y constante.

HISTORIA

Originario de China, fue salvado de la extinción el siglo pasado por criadores británicos y es antecedente de la mayoría de los mastines europeos. Poco habitual en Europa, es no obstante un perro muy apreciado por su peculiar personalidad.

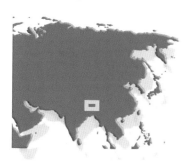

CARACTERÍSTICAS

Su ancha cabeza presenta ojos un tanto caídos, así como las orejas; cola grande y peluda y un abundante manto son también propios de este afable animal. Sus huesos son grandes y tiene una gran capacidad pulmonar, lo que le capacita para el trabajo pastoril en la montaña.

COMPORTAMIENTO

Durante siglos se utilizó en el Himalaya y el Tíbet para proteger el ganado, aunque en la actualidad es un perro

Mastín español

Origen: Extremadura
Función original: Perro de guarda, especial para el cuidado de haciendas; también como perro de manada.
Función actual: Compañía
Longevidad: 11 años.
Peso: 75-83 kg.
Altura: 68-75 cm.

HISTORIA
La nacionalidad como bien dice su nombre es española y también su origen; se cree que procede de la región de extremadura.

CARACTERÍSTICAS
Su aspecto es robusto y rústico. Cabeza proporcionada, hocico largo, orejas caídas en punta y cola baja. Los colores son variados: leonado, rojizo, lobuno, blanco y negro, blanco y dorado, blanco y gris.

COMPORTAMIENTO
Es un perro obediente, afectuoso con su amo, desconfiado con los extraños, adiestrable, no es juguetón. Le gusta estar a su aire y que no le den muchas instrucciones.

PECULIARIDADES
Es una raza que gusta mucho por lo que representa, pero hay que pensarlo antes de adquirir un mastín. Se ha de tener el sitio adecuado para que viva, ya que necesita mucho espacio. Ha de tenerse cuidado con las relaciones con otros perros; por lo demás es un perro bueno y tranquilo y puede vivir perfectamente en el jardín.

Utilidad

Mastín inglés

Origen: Antigüedad.
Función original: Guarda.
Función actual: Compañía, guarda.
Longevidad: 12 años.
Peso: 75-86 kg.
Altura: 68-79 cm.

Utilidad

CARACTERÍSTICAS

En su gran cabeza aparecen dos pequeños ojos, oscuros y muy separados, un stop pronunciado y trufa negra. Tiene los labios muy desarrollados y algo caídos, y sus orejas, pequeñas y gruesas, están implantadas muy altas sobre la cabeza y caídas. Su manto es de pelo liso y corto.

COMPORTAMIENTO

Una cuidada selección ha eliminado su antigua agresividad y en la actualidad es un perro cariñoso, sumiso y fiel. Es utilizado como perro guardián, de defensa y, a veces, de compañía. En cualquier caso debe ser tratado con prudencia, pues es increíblemente fuerte y puede resultar difícil de controlar.

PECULIARIDADES

Estuvo a punto de desaparecer durante la Segunda Guerra Mundial, pues nadie podía alimentarlo en cantidad suficiente. Aunque algunos ejemplares acusan desequilibrios mentales, bien criado es un perro inteligente y sosegado que necesita bastantes cuidados en su educación. De comportamiento poco agresivo, su gigantesca presencia es suficiente para ahuyentar a los delincuentes.

HISTORIA

Este perro, que existe en el Reino Unido desde hace 2.000 años, fue traído a Europa por los fenicios, descendiente del mastín del Tíbet. Se trata de uno de los perros mayores del mundo, que necesita mucho espacio y grandes cantidades de comida, por lo que no es muy apreciado como perro de compañía.

Perro de agua español

Utilidad

HISTORIA

Su origen es incierto. Mientras unos confirman que eran los perros pastores que iban en los barcos turcos que transportaban ovejas marinas a Artulia, otros creen que surge en las marismas, donde solía alimentarse de peces y patos. También se le emparenta con el perro de agua portugués y el caniche.

CARACTERÍSTICAS

Su cuerpo tiene una apariencia tosca y robusta. Llama la atención su peculiar y espeso pelaje en forma de cordones o tirabuzones largos pero finos. La cabeza es alargada, totalmente cubierta de pelo, con trufa negra o marrón, y orejas traseras y colgantes. Los ojos, tapados parcialmente, son de color marrón oscuro. Sus extremidades tienen músculos muy marcados y terminan en pies palmeados.

COMPORTAMIENTO

Su utilidad puede ser muy variada, pues se le valora igualmente como cazador o perro pastor, e incluso ha demostrado ser un hábil pescador. Es un perro muy obediente y tranquilo, pero puede ser malhumorado con los niños.

PECULIARIDADES

Se le puede ver habitualmente en las costas andaluzas acompañando a los pescadores. Hay que cuidarle y cortarle su ensortijado pelo, para evitar que se enrede en zarzas y matorrales.

Origen: Edad Media.
Función original: Pastor
Función actual: Compañía, caza.
Longevidad: 12-14 años.
Peso: 13-21 kg.
Altura: 36-51 cm.

Perro pastor alemán

Origen: Siglo XIX.
Función original: Pastor de ovejas.
Función actual: Compañía, seguridad, asistencia.
Longevidad: 12 años.
Peso: 33-44 kg.
Altura: 52-65 cm.

HISTORIA

El origen de esta raza debe remontarse a muchos siglos, y lo que parece claro es que tiene que ver con el cruce entre diferentes razas de perros pastores procedentes de Alemania y algún lobo local. El encargado de la designación y aspecto actual de los pastores alemanes fue un criador alemán de finales del siglo XIX, Max von Stephanitz.

CARACTERÍSTICAS

Es posiblemente la raza de perro más difundida en todo el mundo. Tiene una gran belleza física, y su cuerpo transmite fuerza y potencia, disponiendo de una gran masa ósea y muscular. Las extremidades bien desarrolladas, patas delanteras rectas y traseras de muslos robustos, y los corvejones suavemente inclinados cuando está en pie. La cabeza es ligeramente curva, con stop poco pronunciado, hocico largo y enjuto, con mandíbula dispuesta en tijera, labios muy pigmentados, trufa grande y negra, y los ojos almendrados de color ámbar o marrón oscuro. La base de las orejas es ancha, terminando éstas erguidas en puntas redondeadas. El cuello, de largura media, es compacto y robusto. La cola, muy empenachada, le llega por debajo de los corvejones. El pelaje puede variar en color, largura e incluso dureza, pero en todos los casos es muy denso y abundante con una capa inferior más corta y suave.

COMPORTAMIENTO

Su utilidad ha sido muy variada, pues ha sido y es perro pastor, perro de defensa y vigilancia, perro de búsqueda de personas, fiel perro lazarillo y sobre todo excelente compañero y mejor amigo de los niños. Hoy su cría indiscriminada le ha proporcionado un sinfín de enfermedades relacionadas con los huesos como la displasia de cadera; ésta se transmite genéticamente, por eso ahora antes del uso de un semental se presentan radiografías y certificado veterinario que acredite que el animal está libre de displasia. Este punto es muy importante a la hora de comprar un perro o cruzar una perra

PECULIARIDADES

Entusiasta, versátil y valiente, no hay ninguna actividad que le esté vetada. Se le conoce también como *deutscher schäferhund.*

Puli

Utilidad

Origen: Asia.
Función original: Perro pastor de primer orden. Muy adiestrable. También como perro de guardia.
Función actual: Pastor, Compañía.
Longevidad: 12 años.
Peso: 13-15 kg.
Altura: 37-44 cm.

HISTORIA
Su procedencia es asiática. Desempeñaba su función como perro pastor y perro de guardia. Algunos ejemplares más grandes pasaban la prueba de perro policía.

CARACTERÍSTICAS
Raza rústica y fuerte. Cabeza pequeña, pelo largo de cola larga y curvada sobre la región lumbar. El cuerpo presenta una línea ascendente en el trasero. Orejas implantadas a media altura. El pelo es basto y las capas de color negro con un tono rojizo, gris y algunas blancas.

COMPORTAMIENTO
Perro vivaz, ágil e inteligente. Es un perro muy adaptable y fiel; muy bueno con los niños.

PECULIARIDADES
Las diferentes partes del cuerpo son difíciles de examinar, ya que está totalmente cubierto de pelo tupido, largo y ondulado con tendencia a apelmazarse.

Rottweiler

Origen: Antiguedad.
Función original: Boyero/perro de guarda.
Función actual: Utilizando por la policia. Guarda y compañía.
Longevidad: 12 años.
Peso: 40-55 kg.
Altura: 57-72 cm.

COMPORTAMIENTO

Tranquilo y obediente, sólo muerde cuando alguien amenaza a su amo. Ha sido utilizado como guardián de manadas y como perro policía y de defensa, pero es sobre todo apreciado como perro de compañía.

CARACTERÍSTICAS

Corpulento y fuerte, se caracteriza fundamentalmente por una poderosa dentadura dentro de su desarrollada mandíbula. La cabeza es muy ancha y, proporcionalmente, las orejas resultan más bien pequeñas; ojos oscuros y trufa negra son otras de sus características. La cola es amputada cuando es demasiado larga y le podemos encontrar con colores negro, castaño claro y oscuro.

PECULIARIDADES

Intrépido, atento y frecuentemente pendenciero con otros perros, este robusto perro demuestra unos nervios templados y acepta la presencia de extraños. Más pacífico de lo que aparenta, le gusta trabajar y se deja dominar por su amo. El problema es que hayan sido educados como animales agresivos para el hombre o para la pelea.

HISTORIA

Tiene su origen en los molosos que llevaron los romanos durante sus campañas en centroeuropa. Son descendientes probablemente del mastin napolitano y del mastin del Tíbet. Deben su nombre a la ciudad alemana de Rottweil, donde sabemos que eran utilizados por los carniceros para conducir el ganado hasta las grandes ciudades, de ahí su sobrenombre de «carnicero de Rottweil».

Utilidad

Samoyedo

Origen: Antigüedad/siglo XVII.
Función original: Cazador.
Función actual: Compañía.
Longevidad: 12 años.
Peso: 21-33 kg.
Altura: 45-56 cm.

HISTORIA

Se le conoce por primera vez en Rusia, más concretamente en Siberia, donde era frecuente su utilización para la tira del trineo o como experto cazador de morsas y osos. Fue criado especialmente por la tribu siberiana de los samoyedos, de ahí su nombre, quienes lo empleaban como perro guardián y como pastor de ganado probablemente de renos.

CARACTERÍSTICAS

Es un perro de gran belleza física, con extremidades bien desarrolladas y musculadas. El pelaje liso, largo y abundante, con una capa inferior más corta y suave que le preserva del frío, envuelve todo su cuerpo. La cola ancha, larga y muy peluda, está dispuesta semienroscada en el dorso. La cabeza cuneiforme tiene un stop pronunciado. Las orejas son pequeñas, en triángulo, aunque erguidas y ligeramente dobladas. Los ojos oblicuos son de color marrón oscuro. La nariz es pequeña, de color negro.

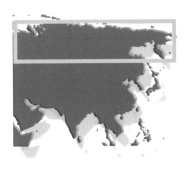

COMPORTAMIENTO

Por su carácter alegre y amigable se hace querer por toda la familia, tiene buena relación con los niños y puede llegar a ser tras un proceso de adiestramiento buen perro de defensa. Leal y obediente, no es en absoluto un perro mordedor, aunque su costumbre de ladrar aparatosamente puede crear problemas en la vecindad.

PECULIARIDADES

Sonriente, hermoso y muy inteligente, este spitz se emplea esencialmente como perro de trineo y de compañía, puesto que no es un buen guardián. Rebelde en ocasiones a obedecer, es muy adecuado para climas fríos y trabajos rudos. Su pelo necesita ser cepillado una vez a la semana y secárselo cuando se le bañe.

Utilidad

San Bernardo

HISTORIA

Originario de Suiza, desciende de los mastines alpinos llevados allí por los ejércitos romanos. En un momento estuvo casi extinguido, pero la raza fue recuperada con cruces de Terranova y dogo alemán. Recibió su nombre actual en 1865, y desde entonces es popular por sus trabajos para rescatar a los escaladores de montañas nevadas.

CARACTERÍSTICAS

De gran tamaño, se caracteriza por su mirada triste. Tiene una gran cabeza con orejas triangulares caídas, trufa negra y belfos, cayendo de su maxilar inferior. Su larga y ancha cola se enrosca ligeramente en la punta. Está cubierto de un grueso manto que le protege de las frías temperaturas.

COMPORTAMIENTO

De carácter bueno y generoso, la raza ha sido mantenida por el Hospicio de San Bernardo que, desde el siglo XVII lo ha utilizado como animal de tiro y para dejar huellas en la nieve virgen. Debido a su inmenso volumen y potente musculatura, necesita de espacios abiertos, siendo poco apto para la vida en la ciudad.

PECULIARIDADES

Han crecido tanto que ya no son tan aptos para rescate en la nieve como sus predecesores. Considerado ahora como un perro familiar, el problema es que necesita mucho espacio y mucha comida, por lo que es acogido frecuentemente por familias adineradas. Especialmente cariñoso con los niños, necesita una buena educación para disciplinarle. Suele tener problemas de conjuntivitis, circulatorios, exceso de calor y abundante salivación.

Origen: Edad Media.
Función original: Tiro, compañía.
Función actual: Compañía.
Longevidad: 10 años.
Peso: 54-92 kg.
Altura: 65-75 cm.

Shetland sheepdog

Origen: Siglo XVIII.
Función original: Pastor de ovejas.
Función actual: Compañía, pastor de ovejas.
Longevidad: 13 años.
Peso: 6-11 kg.
Altura: 32-37 cm.

vejón, y su pelo oscila entre el color rubio, azul, negro, blanco y mixto.

COMPORTAMIENTO

De carácter muy vivo, conserva muchos de sus instintos de guarda y pastoreo, siendo capaz de guiar incluso a los grandes bovinos, aunque rara vez se le utiliza como perro pastor. Generalmente se le mantiene como perro de compañía, aunque también es muy útil en la guarda de la casa.

PECULIARIDADES

Inteligente, fuerte, ágil y obediente, es un perro fácil de educar, a quien le gusta estar siempre activo. Fiel a su amo, a quien no abandona nunca, no le gustan los extraños ni las personas ruidosas y estrictas. Hay que cepillarle al menos una vez a la semana con mucho cuidado.

HISTORIA

Este perro, popular en Gran Bretaña y Norteamérica, parece tener su origen en el cruce del collie con el yakkin, pequeño perro islandés, conocido habitualmente como pastor escocés shetland; no fue definida su raza hasta el año 1700, cuando llegó y se crió en la ciudad que dio origen a su nombre.

CARACTERÍSTICAS

De tamaño bastante inferior, es en su apariencia muy similar al collie de pelo largo, con cabeza en forma de cono, trufa negra, ojos almendrados y orejas semierguidas, con la punta caída hacia delante. Posee un pelo abundante de tacto áspero, aunque con subpelo suave. Su cola en reposo llega hasta el cor-

Utilidad

Terranova

HISTORIA

Se le considera procedente del nordeste del Canadá, aunque posiblemente hayan llegado allí desde Europa, cruzándose luego con algún mastín. Pronto fue empleado como eficaz ayuda para tirar de las redes de pesca, pues su gran tamaño le equiparaba con otros animales de carga.

CARACTERÍSTICAS

Grande, imponente y de aspecto que se asemeja a un pequeño oso, posee un pelaje liso y espeso, aunque muy áspero, de un color negro apagado. Con un

cráneo ancho y macizo, que continúa con un morro corto y cuadrado, y de orejas pequeñas y apretadas, está dotado de un fuerte y ancho cuello.

Sus cuartos traseros son fuertes, con pies grandes, poderosos y de membranas interdigitales, mientras que las patas anteriores son rectas con penachos detrás.

COMPORTAMIENTO

De adulto es muy afectuoso, dócil, manso y leal, aunque eficaz como guarda de su hogar. Se emplea habitualmente para el salvamento en zonas marinas, pues se tira al agua con valentía, sabe nadar perfectamente y resiste bien las bajas temperaturas. Su instinto para sacar cosas y personas del agua le hacen ser un maravilloso compañero de los equipos de salvamento, sin que apenas necesite instrucción para ello. Solamente hay que enseñarle a que distinga a una persona de un objeto, esencialmente para que sepa dónde atraparlo.

Origen: Siglo XVIII.
Función original: Ayudar a los pescadores.
Función actual: Compañía.
Longevidad: 12 años.
Peso: 50-70 kg.
Altura: 65-72 cm.

PECULIARIDADES

Su pelaje se comporta de manera similar al del oso y por ello está bien protegido contra las inclemencias del tiempo frío y la lluvia.

Tervueren (pastor belga)

HISTORIA

Se trata de una variedad de groenendael seleccionada en 1891 por la escuela veterinaria belga; de hecho ambas razas son similares en características y comportamiento. Estuvo a punto de extinguirse durante la Segunda Guerra Mundial y eso que era una raza perfectamente clasificada. Hay quien le considera el origen del groenendael.

CARACTERÍSTICAS

Es el más robusto y resistente de los

pastores belgas, con ojos oblicuos y rígidas orejas triangulares. Posee un manto lacio que le cubre todo el cuerpo, aunque el pelo de la cara es mucho más corto que en el resto del cuerpo. De fuerte dentadura en forma de tijera y un cuerpo potente pero no demasiado pesado, se le considera en conjunto un perro muy resistente.

COMPORTAMIENTO

Se caracteriza por una increíble memoria y gran capacidad de aprendizaje, por lo que es a menudo utilizado como perro guía y perro policía, especialmente en las aduanas, como detector de estupefacientes. Por este motivo es empleado con frecuencia para cruzarle con otras razas afines.

PECULIARIDADES

Denominado también tervurense o perro pastor tervueren, es de pelo largo rojo pardusco o gris con las puntas de

los pelos en negro. Por su fuerte tendencia a engordar es conveniente darle una gran cantidad de verduras que controlen su apetito desmesurado.

Origen: Edad Media/siglo XIX
Función original: Pastor de ganado.
Función actual: Compañía, seguridad, asistencia.
Longevidad: 14 años.
Peso: 25-28 kg.
Altura: 56-66 cm.

Utilidad

Welsh corgi cardigan

Origen: Edad Media.
Función original: Boyero.
Función actual: Compañía,
 boyero.
Longevidad: 12-13 años.
Peso: 10-21 kg.
Altura: 26-30 cm.

HISTORIA

Original de Gran Bretaña, se piensa que fue llevado allí por los celtas hace 3.000 años. Ya en el siglo XIX fue cruzado con el *welsh corgi pembroke*, lo cual redujo las diferencias entre ambas razas. Denominado también como corgi galés, probablemente sus orígenes son similares al dachshund alemán. Su estándar fue definitivamente establecido en 1934, después de haber sido cruzado por distintos criadores.

CARACTERÍSTICAS

Su cabeza y expresión son similares a las de un zorro, con cráneo ancho y plano, y ojos almendrados, ligeramente oblicuos. Presenta un cuello un poco arqueado y un cuerpo algo más grande que el del pembroke, además de una larga cola. Su pelo es corto y duro, y lo podemos encontrar de diferentes colores, como el rojo, rubio y negro, lo mismo que con manchas blancas en las patas, cuello y pecho.

COMPORTAMIENTO

De carácter vivo y adiestrable, el corgi fue utilizado para la guía y cuidado del ganado ovino y bovino. Se le conoce como «mordedor de talones», pues de este modo conducía las reses. A pesar de su baja estatura, gracias a los movimientos rápidos que le permiten sus cortas extremidades, es un adecuado perro de rebaños.

PROPIEDADES

De fuerte ladrido y un gran temperamento, que no corresponde a su tamaño, es obediente y eficaz con sus amos. Fue la mascota favorita de la reina Isabel II. De aspecto similar a un zorro, especialmente las hembras, es un agradable y simpático perro de compañía que parece realizar bromas con sus amos.

Utilidad

Razas de
Caza

Airedale terrier

HISTORIA

Surge a finales del siglo XIX en Yorkshire, Gran Bretaña. Clasificado como el mayor de los terrier, se ha utilizado para múltiples funciones, entre ellas como perro policía, vigilante, cazador de osos, lobos o nutrias, mensajero en la guerra, etc. Su nombre proviene del río Aire y fue criado con esmero en el condado de York mediante un cruce con el sabueso de agua.

CARACTERÍSTICAS

Es uno de los terrier más altos y sus extremidades, compuestas de potentes huesos, son rectas y musculosas terminadas en pies almohadillados y pequeños, con dedos arqueados. La cola, normalmente amputada a un cuarto, es delgada, dispuesta en alzada. Todo su cuerpo está bien cubierto de un abundante pelo duro, resistente y espeso, semionchulado. La cabeza es larga y estrecha, y el hocico es cuadrado con trufa negra y gran mandíbula tapada por una espesa barba. Las orejas, de tamaño medio, caen hacia delante en forma de «v».

COMPORTAMIENTO

Hoy se ha limitado su utilidad a perro de compañía. Muy alegre y agradecido con sus amos, necesita de mimos y atenciones, llegando a ser un buen animal doméstico, muy adaptable a la familia y leal con sus amos.

PECULIARIDADES

Este rey de los terrier ha sido empleado anteriormente como perro de guerra, por su buen trabajo para labores de sanidad, guía de ciegos y salvamento de heridos. También se le considera un perro apto para la caza de patos y, en general, para la caza con escopeta.

Origen: Siglo XIX.
Función original: Cazar tejones/nutrias.
Función actual: Compañía, guardián.
Longevidad: 12 años.
Peso: 21-25 kg.
Altura: 52-59 cm.

Caza

American cocker spaniel

Los ojos, de expresión bondadosa, son suavemente ovalados y de color variable según el manto. Las orejas nacen a la altura de los ojos, son largas, cubiertas de abundante pelo largo y caídas. Suele necesitar un aseo diario para evitar enfermedades propias de los oídos, garrapatas y suciedad común. La cola, en continuidad con la línea del dorso, está continuamente en movimiento. Su hermoso pelaje, sedoso, largo y fino, cubre todo el cuerpo, requiriendo un cepillado diario y ciertos cuidados periódicos.

COMPORTAMIENTO

Aunque tiene cualidades de cazador, hoy, el american cocker es únicamente un apreciado perro de compañía, equilibrado, simpático y agradable con los niños, muy popular no sólo en Estados Unidos, sino también en Iberoamérica y Japón.

PECULIARIDADES

Son especialmente aptos para encontrar y levantar la caza, sus patas cortas

Origen: Siglo XIX.
Función original: Cobrar caza menor.
Función actual: Compañía.
Longevidad: 13 años.
Peso: 10-14 kg.
Altura: 35-38 cm.

le facilitan esta labor. Se le considera el origen de los setters, aunque posee rasgos claramente diferenciados. Exige un cuidado esmerado de su largo pelo y aunque es un buen vigilante no ladra casi nunca.

HISTORIA

El american cocker spaniel, o cocker spaniel americano, fue desarrollado a partir de una selección determinada de cocker en los cuales se buscaban unas características que dieron origen al ejemplar actual. La raza tuvo su origen en una perra británica traída de América en la década de 1880.

CARACTERÍSTICAS

Tiene el cuerpo más corto que el english cocker y su dorso guarda una línea recta hasta la cola. Su cuello, también musculoso, es largo y está ligeramente inclinado. La cabeza abovedada tiene un stop evidente. Su hocico, de largura media, es ancho y profundo, con labios superiores colgantes y dentadura en forma de tijera.

Caza

American staffordshire terrier

Caza

HISTORIA

Surge del cruce a finales del siglo XIX entre staffordshire, bulldog y varios tipos de terriers, aunque fue en Estados Unidos donde se depuró hasta darle el aspecto que hoy conocemos. Allí, los criadores pusieron gran esmero en perfeccionarle y, gracias a ellos, le proporcionaron un mayor peso y una cabeza más potente.

CARACTERÍSTICAS

Su aspecto transmite fuerza y respeto. Su cuerpo está muy bien musculado, con las extremidades delanteras más largas y la osamenta bien desarrollada.

La cola es larga y fina con tendencia baja. La cabeza es ancha, con los músculos de la cara bien marcados y el hocico de largura media con stop pronunciado. Las orejas triangulares en punta están amputadas, para aumentar su aspecto agresivo y evitar que sean mordidas en las peleas. Los ojos son de color marrón oscuro, de mirada intensa y observadora. El cuello es corto, pero muy musculoso. El manto es muy abundante y compacto, de pelo fino, corto y brillante.

COMPORTAMIENTO

Es un perro muy familiar, amigo de los niños, ideal para la vigilancia de la propiedad y defensa ante intrusos. Puede ser letal con otros perros.

PECULIARIDADES

Se le hace participar en ocasiones en las peleas de perros, por lo que suele gozar de muy mala fama y se le culpa de atacar a las personas. Pero como estos defectos son producto de una mala enseñanza, quienes deseen tener uno de

Origen: Siglo XIX.
Función original:
  Hostigar/luchar con toros.
Función actual: Compañía.
Longevidad: 12 años.
Peso: 17-21 kg.
Altura: 43-48 cm.

ellos deben elegir un animal que haya sido educado por personas responsables. Cuidado con cariño, se muestra como un buen amigo del hombre y de los niños, seguro de sí mismo, aunque hay que evitar que muerda a otros perros, labor que se ejerce cuando son cachorros.

Basenji

HISTORIA

Procedente de África central, concretamente de Egipto, su procedencia se remonta a la civilización egipcia, donde se empleaba como perro de caza. Al igual que ocurre con otros perros, podemos ver dibujos suyos en algunas tumbas egipcias, lo que demuestra la gran consideración que le tenían. Se le denomina también como perro del Congo y han sido los ingleses quienes le han refinado y divulgado por el resto del mundo.

CARACTERÍSTICAS

Este perro antiguo, de grandes mandíbulas y rostro alargado, posee unos ojos penetrantes casi redondos, coronados por una frente arrugada que le proporciona una expresión de asombro constante. Las orejas puntiagudas son notorias y tienen una desarrollada capacidad de movimiento. Su cuello es bastante largo y el pecho es ligeramente profundo y ancho. El pelaje del cuerpo, de color fuego y apto para el camuflaje, es corto y de textura sedosa, convirtiéndose en un excelente mecanismo de repulsión del calor, lo que explica su origen en zonas centroafricanas de clima cálido y templado. Tiene una graciosa cola enroscada, con su punta blanca siempre pegada al cuerpo.

Origen: Antigüedad.
Función original: Caza menor.
Función actual: Compañía.
Longevidad: 12 años.
Peso: 8-13 kg.
Altura: 38-43 cm.

COMPORTAMIENTO

Aunque hoy es principalmente un perro de compañía traído del Zaire en los años 30, el basenji es una raza ideal para la caza por su silenciosa capacidad de rastreo. Inteligente y muy juguetón, solamente siente aversión al clima húmedo, aunque, paradójicamente, suele lavarse él solo de manera similar a los gatos y por eso no tiene el olor característico de otros perros.

Como pertenecientes al grupo de los cánidos salvajes, sólo tienen un ciclo sexual al año y sus escasos ladridos son curiosos aullidos.

PECULIARIDADES

Se adapta sin problemas a la vida con humanos lo mismo que a la soledad, teniendo un carácter en ocasiones desagradable y en otras tímido. Expresa sus sentimientos mediante quejidos y gruñidos, siendo uno de los perros más limpios y que menos huelen. Para educarle es necesaria cierta paciencia y cariño, pues no le gusta obedecer, aunque cuando se integra en familia es juguetón y alegre.

Basset fauve de Bretagne

Caza

HISTORIA
Surge en Francia en el siglo XIX del cruce entre el gran griffon fauve de Bretagne y el basset vendéen, aunque nunca ha sido considerado como un ejemplar de categoría.

CARACTERÍSTICAS
Contrasta en su cuerpo el tronco grande y fuerte, y sus extremidades cortas y curvas. Posee un pelaje abundante, corto y duro, pudiendo variar su color entre tonalidades rubias y pelirrojas.

La cabeza alargada termina en una nariz negra con grandes orificios. Las orejas caídas son largas y amplias, mientras que la cola es ancha y no muy larga.

COMPORTAMIENTO
Con aptitudes excepcionales para la caza menor, es también un animal ideal para la compañía, aunque por su carácter inquieto la vida en el ámbito urbano no es aconsejable. Ejemplares del basset fauve de Bretagne son difíciles de ver fuera de Francia o el Reino Unido. Tiene especiales aptitudes para correr y buscar presas entre matorrales y zarzas.

PECULIARIDADES
En realidad, se trata de un perro de corpulencia normal pero de patas cortas, posiblemente producida por una mutación heredada. Su ladrido peculiar hace que sea un buen aliado para el rastreo y que trabaje bien en jaurías.

Dócil con los niños, no es un eficaz guardián y necesita ser educado con precisión desde pequeño a causa de su deseo intenso de independencia.

Origen: Siglo XIX.
Función original: Caza menor.
Función actual: Compañía, perro de muestra.
Longevidad: 13 años.
Peso: 15-19 kg.
Altura: 30-38 cm.

Basset hound

HISTORIA

Descendiente del bloodhound, tiene sus orígenes en el siglo XVI.

Inicialmente fue una raza dirigida a la caza menor, pero hoy los criadores lo sitúan como perro de compañía. Ha sido descrito en la literatura inglesa como un perro que posee orejas capaces de barrer el rocío de la mañana, lo que indica ya cuál es su gran peculiaridad física. Reconocido por unos como un buen perro de compañía, para otros es simplemente un animal perfecto para la caza. Los americanos crearon el actual basset hound de compañía, que es más grande y espectacular.

CARACTERÍSTICAS

El cuerpo del basset hound es bastante largo y grueso, sujeto por unas pequeñas patas de fuertes huesos. La cola, además de fuerte, es larga en comparación a la altura de este canino. Su cabeza es grande, con el cráneo redondeado. Las orejas, muy largas y amplias, caen con pliegues a ambos lados de la cara. El hocico, destacado, es de color negro, y los labios, como los de todos los sabuesos, caen anchos y flácidos. Todo su cuerpo está cubierto de pelo duro y corto, formando, junto a la piel, pliegues en zonas como la cabeza o patas delanteras.

COMPORTAMIENTO

En la década de los 80 en Estados Unidos desarrollaron un ejemplar de apariencia más elegante, pero con las mismas cualidades para la caza, que fue destinado como perro de lujo para la compañía.

PECULIARIDADES

Es eficaz para buscar rastros de sangre, de animales o personas, especialmente en lugares de fuerte y complicada vegetación. Obstinado y con sus cualidades como cazador casi perdidas, suele tener frecuentes problemas en los párpados y los ojos.

Origen: Siglo XVI.
Función original: Cazar conejos/liebres.
Función actual: Compañía, caza.
Longevidad: 11 años.
Peso: 17-25 kg.
Altura: 32-39 cm.

Caza

Beagle

Origen: Siglo XIV.
Función original: Cazar conejos/liebres.
Función actual: Compañía, perro de muestra, pruebas de campo.
Longevidad: 13-14 años.
Peso: 9-17 kg.
Altura: 30-40 cm.

PECULIARIDADES

De fino olfato, sigue siendo tan buen cazador como hace años, rastreando y caminando sin problemas entre las zarzas. Inteligente, dócil y alegre, posee una gran capacidad de adaptación sin mostrar agresividad hacia otros perros. Con los niños es paciente y parece compartir con ellos los juegos, soportando todo sin sacar los dientes.

CARACTERÍSTICAS

Su tamaño es muy reducido, aunque puede variar según el tipo, guardando una buena proporción entre sus extremidades y el resto del cuerpo. Su cabeza, bien desarrollada, tiene forma abovedada, con orejas grandes que cuelgan traseras dibujando un pequeño pliegue. Los ojos, ligeramente almendrados de color marrón, reflejan una mirada cálida. La nariz rosácea de adulto tiene un color marrón, oscuro o negro, cuando son cachorros. La cola está continuamente en posición vertical. El pelaje es corto, liso y generalmente suave. Las extremidades, musculosas, terminan en unos pies fuertes y almohadillados.

COMPORTAMIENTO

Aunque se ha utilizado y se utiliza para la caza, el beagle es aceptado con agrado como animal de compañía por su carácter cariñoso y alegre. Tiene las cualidades perfectas para la caza de liebres y conejos.

HISTORIA

Surge en el siglo XIV de la mezcla entre harrier y los sabuesos más antiguos. Antiguamente era muy considerado por los cazadores ingleses, quienes transportaban a estos perros, en las cacerías, en pequeñas cestas de la montura de sus caballos. Existe una variedad enana, el beagle Elisabeth, de una estatura nunca superior a los 30 cm y apenas 10 kg, que también se utilizaba para los mismos menesteres.

Caza

Bedlington terrier

caídas hacia delante en su punta, con unas graciosas orlas de pelo que las adornan. Tiene unos ojos pequeños y oscuros de mirada amable. El hocico oscuro destaca al final de su cabeza y mandíbula alargada. La dentadura en tijera posee fuertes dientes. La cola es fina y larga. Sus extremidades son esbeltas y musculadas, bien preparadas para la carrera.

Origen: Siglo XIX.
Función original: Cazar ratas/tejones.
Función actual: Compañía.
Longevidad: 14-16 años.
Peso: 9-13 kg.
Altura: 36-41 cm.

HISTORIA
Surge en el Reino Unido, en 1880, del cruce entre dandie dinmont derrier, el otterhound y el whippet, gracias al entusiasmo que pusieron los mineros para mejorar la raza, en busca de un perro apto para cazar ratas.

CARACTERÍSTICAS
De aspecto elegante, el bedlington requiere ciertas atenciones estéticas. Su pelaje corto, rizado y algodonoso, similar al de una oveja, es cortado con tijera, dejando una especie de «moño» con pelo más largo en la cara. Sus orejas en forma de «v» están dispuestas traseras y

COMPORTAMIENTO
En contra de su aspecto intencionadamente modificado, el bedlinton es nervioso e imprevisible, soliendo necesitar bastante libertad y ejercicio, aunque en los últimos años se ha trabajado en el desarrollo de una especie más tranquila y controlable. Se ha utilizado sobre todo para la caza de ratas, comadrejas, tejones y otras alimañas, pero tiene gran aceptación como animal de compañía.

PECULIARIDADES
Auténtico «lobo con piel de cordero», debajo de su inocente aspecto es capaz de pelear con eficacia con otros perros y de cazar ratas. Es perro inteligente y apto para cualquier tipo de trabajo. Cariñoso y amable, necesita hacer mucho ejercicio y aunque no pierde pelo debe ser cuidado con esmero y cortado con tijeras con sumo cuidado.

Black and tan coonhound

Caza

es de color fuego, dejan ver su marcada musculatura. La cabeza alargada y amplia termina en un hocico negro de grandes orificios y labios amplios y colgantes. Sus ojos, de forma almendrada, son marrones oscuros. El cuello es ancho y la cola larga y fuerte de fácil movimiento.

HISTORIA

De origen norteamericano desarrollado en el siglo XVIII a partir de razas como el virginian foxhounds, el sabueso de San Huberto y el kerry beagle irlandés, su cruce se realizó buscando conseguir un ejemplar donde predominara el pelaje negro con marrón fuego.

CARACTERÍSTICAS

En su perfecta estructura desentonan ligeramente unas largas y grandes orejas que caen con graciosos pliegues y precisan especiales cuidados de higiene. Su pelaje corto y su color negro, menos en sus pies, pecho y hocico que

COMPORTAMIENTO

Es un perro muy trabajador y constante, utilizado para la caza del mapache, el ciervo e incluso el oso. Su táctica es acorralar a su presa y avisar mediante un particular ladrido a su amo cuando ha conseguido dejar sin salida a ésta. Se adapta tanto a climas fríos como muy calurosos. Es también idóneo como perro guardián, al ser obediente y de actitud vigilante.

PECULIARIDADES

Le podemos ver siguiendo a su presa con el hocico pegado al suelo hasta que la encuentra y comienza a ladrar. Es

Origen: Siglo XVIII.
Función original: Cazar mapaches.
Función actual: Cazar mapaches.
Longevidad: 11 años.
Peso: 24-36 kg.
Altura: 59-71 cm.

eficaz incluso cazando osos y pumas. Los ejemplares menos apreciados son aquellos que se muestran tímidos y nerviosos.

Braco alemán

Origen: Desciende del perdiguero español que fué introducido en el siglo XVII en Alemania
Función original: Cazar.
Función actual: Se emplea en la caza para muestra, rastreo y de guarda
Longevidad: 8-10 años.
Peso: 26-32 kg.
Altura: 64-72 cm.

Caza

HISTORIA

Los cazadores flamencos los introdujeron en Alemania; es descendiente del perdiguero español el cual es un perro de muestra.

CARACTERÍSTICAS

Perro de constitución solida y armoniosa. Cabeza bien esculpida, no posee papada. Cola de implantación alta la cual se curva horizontal durante la muestra. El pelo es corto y raso.

COMPORTAMIENTO

Es adiestrable, decidido y amigo de los niños. Ideal para el cazador que tiene un solo perro. Se emplea para la muestra y el rastreo. Aconsejable para la vida en familia, puede ser disfrutado como perro de compañía. Su pelo no necesita de muchos cuidados.

PECULIARIDADES

Es el perro todoterreno para la caza. Se aconseja proporcionar mucho ejercicio a los ejemplares cazadores cuando están fuera de la temporada.

Cairn terrier

HISTORIA

Es uno de los terrier más antiguos. De origen escocés, alcanzó su máxima popularidad hacia los años 20, mientras que en el siglo pasado estaba destinado a la caza de animales pequeños y de madriguera, como el zorro, el conejo o la nutria. Su clasificación proviene del siglo XVI, donde fue empleado para guardar monumentos y evitar que entraran en ellos animales salvajes.

CARACTERÍSTICAS

Su diminuto tamaño no le hace menos ágil y capaz. Tiene el cuerpo cubierto

de un abundante pelaje largo y áspero, con una capa inferior más corta y densa. La cola, no demasiado larga, se mantiene en constante movimiento. La cabeza es grande y ancha, al igual que el hocico, mientras que la mandíbula tiene forma de tijera. Sus orejas son pequeñas, altas y puntiagudas. Los ojos, parcialmente ocultos por pelo, están ligeramente hundidos. De sus dos pares de patas el delantero es un poco más alto.

COMPORTAMIENTO

Es un perro alegre y amistoso, y soporta bien el adiestramiento aunque con frecuencia deja ver su carácter de terrier. Admite de buen grado llevar traílla, por ello puede ser manejado sin problemas incluso por niños.

PECULIARIDADES

Alegre y pendenciero, es muy apreciado por las personas que cuidan el ganado, comportándose estupendamente con

los niños. Con fuerte personalidad de líder, acepta su papel como guardián y su controlada agresividad la ejerce sin necesidad de ladrar.

Origen: Edad Media.
Función original: Cazar zorros, matar ratas.
Función actual: Compañía.
Longevidad: 15 años.
Peso: 6-11 kg.
Altura: 24-32 cm.

Caza

Chesapeake bay retriever

HISTORIA

Se creó en las costas de Maryland a partir de dos ejemplares de Terranova ingleses, llevados allí por un naufragio, y cruzados posteriormente con retriever de la localidad. Esta nueva raza demostró ser muy válida para la caza en esos lugares, puesto que le entusiasmaba el agua y se adaptaba muy bien a los ríos y terrenos pantanosos.

CARACTERÍSTICAS

Tiene un cuerpo perfectamente proporcionado, con cuartos traseros bien musculados, extremidades fuertes y de-

sarrolladas. Su cuello es ancho y poderoso, y la cola, de sable, mide entre 30 y 35 cm. El cráneo es redondeado y amplio. Su hocico es corto y puntiagudo, terminando en una trufa de grandes orificios. Los ojos de color marrón claro o amarillos transmiten seriedad. Las orejas colgantes son de tamaño medio. Su pelaje, tanto en la capa superior como en la inferior, es corto y denso, más lanoso en la inferior.

COMPORTAMIENTO

Su carácter es alegre y decidido, le gusta cazar y vivir en el campo. Es fiel con el hombre, amigo de los niños y confiado con los extraños, de fácil adiestramiento y obediencia.

PECULIARIDADES

Acepta sin problemas la inmersión en aguas heladas, gracias a su pelo grasiento, y precisa pocos cuidados. Con una

simple sacudida elimina toda el agua después de haberse mojado.

Origen: Siglo XX.
Función original: Cobrar aves acuáticas.
Función actual: Compañía, cobrar piezas
Longevidad: 12-13 años.
Peso: 24-35 kg.
Altura: 52-66 cm.

Dandie dinmont terrier

Origen: Siglo XVII.
Función original: Cazar tejones/ratas.
Función actual: Compañía.
Longevidad: 14 años.
Peso: 7-10 kg.
Altura: 21-29 cm.

Caza

HISTORIA

Debe su nombre al protagonista de una novela de Sir Walter Scott de principios del siglo XIX, donde se le describe tal como hoy lo conocemos. Se le ha relacionado históricamente como el perro de los gitanos del sur de Escocia del siglo XVII, resultado del cruce entre bedligton, scottish terriers y skye terrier.

CARACTERÍSTICAS

El dandie dinmont es un perro dotado de gran movilidad a pesar de que sus pequeñas patas, bien musculadas, tienen que sujetar un cuerpo de largura considerable. La cabeza es ancha con cráneo abovedado, tiene la trufa negra, y los ojos vivos y grandes de color marrón oscuro. Sus orejas, aparentemente invisibles, son pequeñas, caídas y de piel muy fina. La cola llega casi al suelo, está cubierta de pelo duro y se mantiene curvada. El pelo, una mezcla de duro y suave, envuelve generoso todo su cuerpo.

COMPORTAMIENTO

Como la mayoría de los terriers, es un buen cazador de roedores y habitantes de madriguera, pero destaca en él su adaptabilidad y su buen carácter. Es uno de los animales de compañía más

queridos, acogiendo con buen agrado las alabanzas y los mimos.

PECULIARIDADES

Pequeño, pero fuerte y muy valiente, es un perro muy apreciado por su especial carácter, comportándose muy arisco con los extraños. Dotado de un fuerte ladrido, posee un pelo muy peculiar que hay que cepillar frecuentemente y realizar un corte especial unas dos veces al año.

Dingo

HISTORIA

Descendiente del lobo de las llanuras indias, el dingo llegó a Australia hace unos 4.000 años y, debido a su aislamiento, no ha sido nunca totalmente domesticado. Por este motivo, es hoy día un perro muy apreciado por su aspecto exclusivo y carismático. Personaje habitual en las películas australianas, aunque feo de aspecto, su popularidad ha aumentado enormemente.

CARACTERÍSTICAS

Se caracteriza por unos penetrantes ojos cuyo color oscila entre el amarillo y el naranja, orejas erguidas muy móviles y una larga cola. Al igual que el lobo, las hembras de dingo sólo tienen un periodo de celo al año.

COMPORTAMIENTO

Aunque es un animal poco doméstico, en ocasiones sirvió de compañía a algunos grupos aborígenes australianos, que lo utilizaron también como centinela. Se mueve con agilidad en terrenos secos, soporta perfectamente la carencia de agua y es capaz de acompañar a su amo sin desfallecer en circunstancias penosas.

PECULIARIDADES

Se le considera un perro salvaje, aunque inteligente y que se adapta perfectamente al terreno y al clima. Considera-

do un asesino de ovejas, se le persiguió hasta casi su extinción, aunque ahora está recluido en zoológicos.

Origen: Antigüedad.
Función original:
  Campamentos, centinela.
Función actual: Poco
  frecuentes.
Longevidad: 10 años.
Peso: 11-22 kg.
Altura: 47-52 cm.

English bull terrier

HISTORIA

Surge en Gran Bretaña en el siglo XIX cuando se efectuaban sanguinarios combates entre bulldogs y toros. Su creador, James Hinks, cruzó sangre de bulldogs, viejos terriers blancos y sabuesos españoles. Era conocido antiguamente por el sobrenombre de «el gladiador de la raza canina».

CARACTERÍSTICAS

Tiene un cuerpo robusto, lineal, ancho y fuerte, sujetado por patas muy rectas de gran osamenta. La cabeza es ovalada, dibujando una clara curva descendente.

Sin apenas stop, destaca en su cara una amplia mandíbula de dientes perfectos y grandes. Las orejas son triangulares, de permanencia erguida. Su cola, más bien corta, la lleva hori-

Origen: Siglo XIX.
Función original: Luchas de perros, compañía.
Función actual: Compañía.
Longevidad: 12-13 años.
Peso: 23-29 kg.
Altura: 52-59 cm.

zontal. Tiene los ojos pequeños, oscuros y ovalados. El pelaje que envuelve su cuerpo es muy corto, áspero y duro.

COMPORTAMIENTO

De su carácter primitivo, fuerte, agresivo y decidido, preparado para matar, sólo queda un perro idóneo para la caza menor, para la defensa, y obediente animal de compañía. Los ingleses dicen que si no puedes comprar un cariño, cómprate un bull-terrier. Tiene pasión por sus amos; su aspecto, no obstante, sigue impo-

niendo respeto a causa de su fiera imagen.

PECULIARIDADES

Aunque se le consideró extinguido, lo cierto es que su propagación nunca estuvo detenida, aunque ya no conserva sus cualidades como perro de peleas o depredador de ratas. Fácil de cuidar y de buena adaptabilidad en las ciudades, no sirve como perro faldero para damas. Paradójicamente, el english bull terrier miniatura tiene un carácter más difícil y no es aconsejable dejarle solo con los niños.

Caza

English cocker spaniel

Origen: Siglo XIX.
Función original: Cobrar caza menor.
Función actual: Compañía.
Longevidad: 14 años.
Peso: 11-15 kg.
Altura: 36-40 cm.

HISTORIA

Su primera huella en la historia data del año 1300. Posteriormente, en el año 1800 se realizó la primera división entre el grupo de los spaniel, dando origen a siete razas diferenciadas, entre ellas el english cocker, o cocker spaniel inglés, con características similares a las que guarda hoy. De origen español, era utilizado como perro especializado en levantar caza.

CARACTERÍSTICAS

El dorso dibuja una línea recta que termina en un cuello inclinado, largo y musculoso. El cráneo está suavemente abovedado, con stop marcado. Su ho-cico cuadrado posee labios superiores colgantes, dentadura a tijera y trufa de orificios bien desarrollados. Las orejas nacen a la altura de los ojos, son largas y caídas, cubiertas de pelo sedoso. La cola, en continuo movimiento, nace por debajo de la línea del dorso y suele ser amputada. Las extremidades, parcialmente ocultas por el pelo, son cortas pero con gran osamenta y músculos fuertes, terminadas en pies redondos de dedos sólidos. Sus ojos son vivos y brillantes, de color pardo. El pelaje envuelve todo su cuerpo formando franjas marcadas en las orejas, el pecho y la cola. Es de tacto suave, largura media, con una capa inferior protectora más corta y sedosa. Necesita de cepillados diarios y cuidados concretos en las orejas, sobre todo en época estival.

COMPORTAMIENTO

Valorado como perro de compañía, es amigo de los niños, sensible a los regaños y poco ladrador y agradable con los extraños. Antiguamente se le utilizó para levantar la caza, especialmente en sitios de difícil acceso.

PECULIARIDADES

Es un animal hábil para la caza, capaz de rastrear a distancia, perseguir con ladridos, enganchar a su presa incluso debajo del agua y luego llamar a su amo. También se le emplea para buscar narcóticos y explosivos, aunque su buen carácter le está relegando a ser un perro de familia. Solamente requiere una esmerada educación, vigilar su dieta y eliminar el pelo excesivo de las orejas.

English springer spaniel

Origen: Siglo XVII.
Función original:
   Levantar/cobrar la caza.
Función actual: Compañía,
   perro de muestra.
Longevidad: 13 años.
Peso: 20-24 kg.
Altura: 46-52cm.

PECULIARIDADES

De fino olfato, no duda en meterse en el agua si con ello consigue coger a la pieza abatida, adaptándose sin problemas al bosque y a la montaña. Requiere mucho cariño y constancia, lográndose así un perro afectuoso, dócil y sensible, especialmente con los niños.

CARACTERÍSTICAS

Es un perro de patas muy largas, idóneas para introducirse en arbustos y zarzas. Su cuerpo es compacto y musculoso, al igual que su cuello, mientras que su cola es corta, de permanencia erguida. Tiene la cabeza abovedada y ancha, sus labios superiores cuelgan amplios, y su trufa es grande con orificios muy abiertos. Su mandíbula está bien desarrollada para la caza. Los ojos son marrones o pardos, de mirada afable. Las orejas son largas y están cubiertas de abundante pelo. El pelaje es muy largo, en la garganta, pecho y parte posterior de las patas.

COMPORTAMIENTO

Valioso perro de caza, es, además, un buen compañero, muy alegre, honesto y valiente. Cuando se le pone a trabajar se muestra meticuloso, eficaz y sumamente rápido.

HISTORIA

Es el spaniel por excelencia, origen de todas las variedades de esta raza. Su primera referencia aparece en distintas obras pictóricas del Renacimiento. Aunque fue posteriormente en el año 1700 cuando alcanzó su mayor popularidad con su llegada a América.

Caza

Field spaniel

HISTORIA

Pariente directo del cooker spaniel, se le reconoce por primera vez en 1892, pero su cría indiscriminada desvirtuó la raza, recuperándose en 1960 con el aspecto actual. Se considera que este pe-

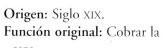

Origen: Siglo XIX.
Función original: Cobrar la caza.
Función actual: Compañía.
Longevidad: 11-13 años.
Peso: 15-23 Kg.
Altura: 50-57 cm.

rro proviene de razas españolas que fueron importadas a Gran Bretaña en pasadas épocas.

CARACTERÍSTICAS

Su cuerpo largo está sostenido por extremidades más bien cortas. Tiene un pelaje brillante, de tacto agradable, con pelo más largo en las orejas, parte posterior de las extremidades y pecho. Su cráneo es amplio, de tendencia cuadrada, y el hocico bien proporcionado termina en trufa oscura de orificios muy abiertos. Los ojos, de marrón variado, reflejan una mirada atenta y bondadosa. Tiene unas orejas colgantes, de tamaño grande y nacimiento bajo. La cola puede ser recortada en los perros de trabajo y se mantiene casi siempre baja. Llaman la atención sus pies redondos, cubiertos de pelo corto entre los dedos.

COMPORTAMIENTO

Sus cualidades están dirigidas a la caza menor y trabajos en el campo abierto, pero su bondad y rápida adaptabilidad

a la familia le han convertido en un animal de compañía apreciado. Su carácter tenaz e incansable se muestra especialmente útil en ambientes difíciles, en los cuales tiene que demostrar una gran pericia.

PECULIARIDADES

Posee un buen olfato incluso en terrenos difíciles, aunque necesita una educación bien dirigida porque es muy terco. Al tratarse de un animal muy sensible y emotivo con los malos tratos, requiere ser educado con cariño si queremos que sea eficaz en su trabajo.

Foxhound

Origen: Siglo XV.
Función original: Cazar zorros.
Función actual: Cazar zorros.
Longevidad: 10 años.
Peso: 24-35 kg.
Altura: 57-70 cm.

Caza

HISTORIA
Surge del cruce a partir del siglo XV de razas como el bulldog y el fox terrier. Procedente de Gran Bretaña, hay quien piensa que en realidad es una mezcla de varios sabuesos cruzados posteriormente con otros perros. Estos complejos cruces son los que le han proporcionado gran fuerza y velocidad.

CARACTERÍSTICAS
De gran belleza física, con una línea estilizada, vigorosa y consistente, posee una gran estructura ósea cubierta de una firme musculatura. Su cabeza es ancha y alargada, y su cuello alto e inclinado. Las orejas, de posición, trasera, son largas, suaves y caídas. Los ojos, algo distanciados entre sí, de color avellana, reflejan una mirada serena. El pelaje es corto, fuerte y liso. La cola, ligeramente curvada, mantenida en alza.

COMPORTAMIENTO
Aprovechando su capacidad para la carrera, fue muy utilizado en las cacerías del zorro o jauría. Su aguante puede prolongarse durante más de seis horas sobre terrenos abruptos y pedregosos. Por su carácter dócil y amigable se ha descubierto como un excelente animal de compañía, aunque aún no muy frecuente para este fin.

PECULIARIDADES
Sigue siendo el perro ideal para las cacerías británicas, puesto que rastrea perfectamente. Las nuevas tendencias sobre respeto a los animales hacen que empiece a ser considerado un buen perro hogareño, aunque hay que procurar que haga mucho ejercicio y darle cariño.

El american foxhound es algo mayor que el europeo y conserva todas las cualidades para la caza. No se le considera un perro familiar y se le cría casi exclusivamente para exposiciones y cacerías.

Fox terrier de pelo corto

Origen: Siglo XVIII.
Función original: Cazar.
Función actual: Compañía.
Longevidad: 13 años.
Peso: 7-12 kg.
Altura: 37-41 cm.

Caza

HISTORIA

Aunque algunas razas de terrier han desaparecido, como el wirehaired terrier, los que sobrevivieron contribuyeron a su perfeccionamiento, siendo inicialmente empleados para cazar ratones y pequeñas alimañas.

Desde mediados del siglo XIX aumentó su popularidad y fueron cruzados entonces para desarrollar distintos ejemplares con características muy diversas. También tenemos datos de su presencia en la época de la dominación romana y durante los siglos XV y XVI.

CARACTERÍSTICAS

Existen dos variedades, de pelo liso o de pelo duro, así como otras 31 razas reconocidas oficialmente, la mayoría procedentes del Reino Unido. La raza de fox terrier suele tener una alzada estándar de 40 cm, con la cabeza ahuesada, y la cola corta y levantada. El pelaje es blanco con manchas negras o marrones y puede ser largo o corto, según la variedad. Se trata de una de las razas más conocidas, empleadas antiguamente, en la caza del zorro.

COMPORTAMIENTO

Su habilidad para la caza permanece intacta, pues es astuto y combativo, aunque marcadamente independiente. Es sagaz con los extraños y las presas, por lo que resulta muy difícil de engañar, pero en conjunto es alegre y vivaz. El terrier de pelo duro posee una cara elegante por su perilla, siendo en conjunto muy musculoso. Le gusta jugar y puede ser difícil evitar que se pelee con otros perros.

El terrier de pelo liso es muy valiente en la caza y, aunque menos popular que su hermano de pelo duro, tiene igualmente buenas cualidades para el trabajo y el ejercicio.

PECULIARIDADES

El fox terrier de pelo duro posee una doble capa, con la interna más suave. Necesita mucho cuidado para mantenerle limpio y su textura debe estar áspera y sin rizos.

Hay otros terriers de pequeño tamaño, como el terrier australiano y el terrier de Norwich, y otros mayores como el terrier de Manchester y el terrier irlandés. Unos son de pelaje corto y negro, como el terrier de Manchester, y otros de pelaje largo y color gris azulado, como el terrier de Skye.

Galgo español

HISTORIA

Aunque su origen procede de antiguos perros faraónicos (lebrel egipcio), es en la Edad Media cuando se desarrolla la raza, justo cuando los campos sembrados y el pastoreo alcanzan cotas altísimas en toda España, dando lugar al crecimiento de la liebre en estos terrenos que son propicios para ella. Junto a estos campos hay también enormes superficies de terrenos baldíos y barbechos, lugar donde se empiezan a establecer las primeras carreras de galgos, tanto en árabes como en cristianos.

El galgo español se desarrolló perfectamente en las tierras de Castilla, rivalizando con el sabueso, aunque el desafortunado cruce con el greyhound dio lugar a un ejemplar mestizo que fue, no obstante, muy apreciado por la burguesía de entonces. Su reconocimiento oficial le llegó en 1911, gracias a la reina Victoria Eugenia, pues esta mujer gustaba de participar en las carreras con algunos de los mejores ejemplares de entonces.

CARACTERÍSTICAS

Hay tres variedades: de pelo liso, de pelo largo (casi desaparecida) y de pelo duro, aunque solamente solemos ver ejemplares de la primera. Es de cabeza larga y estrecha, tórax amplio y vientre retraído, con stop suave, trufa pequeña, húmeda y pigmentada en negro; ojos pequeños, oblicuos y almendrados, habitualmente de color oscuro. Las orejas anchas en la base, triangulares, altas; el cuello largo, esbelto y flexible, muy estrecho en su unión con la cabeza. La escápula es más corta que el húmero, los brazos largos con los codos libres y cercanos al cuerpo, mientras que los pies son tipo liebre, con los dedos apretados y provistos de una membrana interdigital.

COMPORTAMIENTO

De carácter serio y retraído con los humanos, demuestra una gran energía en la caza, siendo especialmente hábil en la carrera rápida, pues posee un agudo sentido de la vista. La mirada es tran-

Origen: Antigüedad.
Función original: Caza.
Función actual: Compañía, caza y carreras.
Longevidad: 11 años
Peso: 25-30 Kg.
Altura: 65-72 cm.

quila, dulce y reservada, aunque cambia totalmente durante el galope, su marcha típica.

PECULIARIDADES

Se adapta perfectamente a la geografía ibérica, a los campos áridos y al clima cambiante, mejorando sus cualidades con las sucesivas generaciones. Ahora sabe hacer frente a otros animales y le afectan menos el roce con rocas y zarzas; gracias al considerable aumento de las carreras en campo abierto, ha crecido mucho el interés hacia esta raza.

Las orejas, durante la atención, quedan semierguidas con las puntas dobladas hacia los laterales, mientras que durante el reposo se mantienen adosadas contra el cráneo en forma de rosa.

Golden retriever

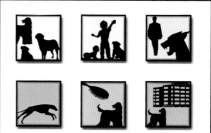

Origen: Siglo XIX.
Función original: Cobrar la caza.
Función actual: Compañía, perro de muestra, pruebas de campo, de asistencia.
Longevidad: 14 años
Peso: 26-36 kg.
Altura: 49-60 cm.

Caza

HISTORIA

Tiene su origen a finales del siglo XIX en Gran Bretaña, surgiendo del cruce entre retriever de pelo liso y de los antiguos tweed water spaniel. Hay otras teorías que también lo emparientan con el bloodhound y algunas razas no identificadas pertenecientes a circos rusos que llegaron a Inglaterra hacia la mitad del siglo XIX.

CARACTERÍSTICAS

Su cuerpo es compacto, robusto y fuerte, de gran osamenta y musculatura. Su hocico es amplio y potente, con stop marcado. La mandíbula está dispuesta en tijera y sus labios inferiores, de color muy oscuro, cuelgan ligeramente, lo mismo que las orejas, que forman un pequeño pliegue. Sus párpados oscuros resaltan del pelaje de tonalidades marrones claras y canela. Los ojos son oscuros, de mirada tranquila y bondadosa. La cola es fuerte y ancha. El pelaje, que puede ser liso u ondulado, posee una capa inferior que le protege del agua.

COMPORTAMIENTO

Su carácter familiar ha hecho que se le valore para la compañía por ser obediente y afectuoso. El sentido del olfato lo tiene muy desarrollado, útil para la caza tanto en tierra como en el agua. En los juegos se comporta afectuoso, dulce y simpático, lo que le hace ser un perro especialmente para estar en familia.

PECULIARIDADES

Aparentemente tranquilo, permanece, sin embargo, totalmente atento y con ganas de aprender y trabajar. Se le emplea con frecuencia como perro para ciegos, por su gran obediencia y carácter estable, siendo paciente y buen amigo de los niños. Su pelo liso requiere que se le cepille con frecuencia.

Gran bleu de Gascogne

HISTORIA

Es una raza traída por los mercaderes fenicios a Francia, depurada con el cruce de otras razas, principalmente de bloodhound. Actualmente podemos encontrar ejemplares de gran bleu de Gascogne por toda Europa y América, siendo considerado como el mejor de los sabuesos del mundo. Toma su nombre precisamente por el color de su manto, de un bonito azul apizarrado.

CARACTERÍSTICAS

De gran tamaño, tiene una estructura fuerte y musculosa, con sus extremidades que terminan en pies ovalados de

largos dedos y almohadillas negras. La cabeza es alargada, de cráneo convexo. Las orejas, anchas y largas, cuelgan formando peculiares pliegues en la parte trasera de la cabeza. Como la mayoría de los sabuesos más antiguos, poseen unos amplios labios colgantes y tienen unos ojos de color castaño de mirada melancólica y afable. El pelaje que envuelve su cuerpo está moteado de manchas negras sobre un fondo mezclado de pelo negro y blanco, mientras que una gran mancha de color negro cubre las orejas y los ojos a modo de antifaz.

COMPORTAMIENTO

Su utilidad está centrada en labores de rastreo para la caza menor. En este trabajo se muestra pertinaz y audaz, mientras que en el hogar su carácter es aristocrático, dulce y afectuoso, aunque éste parece no ser su ambiente ideal.

PECULIARIDADES

Posee un gran olfato para la caza del jabalí y el corzo, aunque ahora se le prefiere para buscar la liebre por su excepcional olfato y su ladrar contenido, que indica con precisión el lugar de la pieza. El gran gascón saintongeois es otro perro tipo sabueso, igualmente negro y blanco, que también se emplea para la caza.

Origen: Edad Media.
Función original: Caza de venados/jabalíes/lobos.
Función actual: Perro de muestra, a veces en jauría.
Longevidad: 12-13 años.
Peso: 30-34 kg.
Altura: 60-71 cm.

Caza

Hamilton stövare

Caza

HISTORIA

Se creó en Suecia a finales del siglo XIX cruzando el foxhound y varias clases de beagles, bolstein o curlandia. Se trata de un sabueso que lleva el nombre de su criador y que fue empleado intensamente para trabajos en terrenos nevados y la caza del reno.

CARACTERÍSTICAS

De aspecto fino pero musculoso y pelaje corto, posee un largo y delgado cuello, una caja torácica amplia, de patas anteriores largas y rectas y orejas pequeñas en forma de rosa. Su mag-

nífico aspecto fuerte y resistente lo dota de gran elegancia en la carrera. Sus extremidades son largas y musculosas, terminadas en pies almohadillados con dedos bien desarrollados. La cola ancha tiene forma de sable. Su cabeza alargada y cuadrada termina en un hocico negro con amplios orificios. Su impresionante dentadura se ha desarrollado en forma de tijera. Sus ojos marrones denotan seguridad y las orejas alargadas caen traseras a ambos lados de la cara. El pelo que cubre su cuerpo se vuelve especiamente espeso en invierno, tapando completamente su pelaje interior más suave y corto.

COMPORTAMIENTO

Por su carácter agresivo y decidido es ideal para la caza mayor, pero también se emplea para la compañía, sobre todo en los países escandinavos. Tiene una mandíbula que le permite morder fuerte, así como una dentadura sólida apta para no soltar a su presa.

Origen: Siglo XIX.
Función original: Rastrear la caza.
Función actual: Compañía.
Longevidad: 12 años.
Peso: 22-26 kg.
Altura: 50-65 cm.

PECULIARIDADES

Capacitado para el rastreo en cualquier terreno y sin que le afecte el clima, suele ladrar cuando encuentra su presa o una persona accidentada. Se le conoce también como foxhound sueco.

Irish terrier

Origen: Siglo XVIII.
Función original: Perro
 guardián, cazador de alimañas.
Función actual: Compañía,
 pruebas de campo, coursing,
 cazar alimañas.
Longevidad: 13 años.
Peso: 10-14 kg.
Altura: 44-50 cm.

HISTORIA

Sus primeras referencias se encuentran en el siglo XVIII en Irlanda. Ha sido utilizado para la caza de nutrias, ratas y otros animales de madriguera. Fue perro mensajero de guerra. desafiando sin miedo al peligro. También se conocen datos sobre él desde hace 2.000 años, aunque no vemos dibujos exactos hasta varios siglos después.

CARACTERÍSTICAS

De aspecto fino, pero musculoso y pelaje corto, posee un largo y delgado cuello, una caja torácica amplia, con patas anteriores largas y rectas, y orejas pequeñas en forma de rosa.
Es similar al fox terrier de pelo duro, aunque su cuerpo bien proporcionado dibuja una estructura fuerte y musculada. Tiene el cráneo plano y el hocico alargado y cuadrado, la trufa negra y las orejas triangulares caídas hacia delante. Los ojos, como los de la mayoría de los terrier, son pequeños, despiertos y oscuros. Su potente mandíbula en tijera está oculta por un manto de pelo. Tienen la cola amputada y el pelaje, siempre de color rojizo, es corto, muy duro y tosco.

COMPORTAMIENTO

Hoy se emplea principalmente para la compañía, aunque en Irlanda sigue siendo útil para la caza menor. Tiene tendencias agresivas incontroladas con otros perros, aunque un adiestramiento severo evita situaciones inesperadas.

PECULIARIDADES

Denominado popularmente como «diablo rojo» o «temeraria», es un valiente cazador de tejones, hasta el punto de sucumbir si no logra ganarle. Esta capacidad para luchar sin tregua hizo que se le empleara como perro de lucha, aunque poco a poco demostró que en realidad era un perro inteligente y cariñoso que solamente necesita un buen aprendizaje.

Manchester terrier

HISTORIA

Se originó en Manchester el siglo XIX cruzando terriers oscuros con lebreles italianos. Conocido anteriormente como terrier negro o castaño, se cree que ha sido cruzado con el dobermann y el galgo italiano, lo que parece posible dada su apariencia, y especialmente por su pelo liso y el lomo con un aspecto ligeramente arqueado.

CARACTERÍSTICAS

Su aspecto es elegante, de musculatura

alargada y consistente. El pelaje que envuelve todo su cuerpo es corto, áspero y duro. El dorso está suavemente curvado y la cola, sin amputar, es delgada y no demasiado larga. El cráneo es cuneiforme, mientras que las orejas en forma de «v» se doblan hacia delante. Sus ojos, ligeramente almendrados, son pequeños y oscuros. La mandíbula en forma de tijera está muy desarrollada.

COMPORTAMIENTO

Esta raza fue muy apreciada en sus orígenes, pero hoy ha perdido su popularidad y quedan pocos ejemplares. Su carácter inteligente y alegre hace de él un compañero ideal, pero solamente admite de buen grado un solo dueño, no demostrando afabilidad con el resto de las personas con las cuales convive.

PECULIARIDADES

De pelo color negro y fuego, es un perro que no gusta de dormir en perreras y prefiere las casas. Muy amable y cari-

Origen: Siglo XIX.
Función original: Matar ratas, cazar conejos.
Función actual: Compañía.
Longevidad: 13-14 años.
Peso: 6-11 kg.
Altura: 36-40 cm.

ñoso con los niños, no suele morder en sus labores como vigilante. Es fácil de tratar y cuidar, manteniendo su territorio siempre limpio.

Caza

Norfolk terrier

Caza

HISTORIA

Surge en el siglo XIX en el condado de Norfolk, Gran Bretaña. Es el terrier de menor tamaño, aunque esta raza ha tardado bastante en ser reconocida. Se conocen datos sobre su antigua habilidad para luchar contra los animales salvajes, demostrando gran agresividad y valentía, aunque sin desequilibrios en su carácter.

CARACTERÍSTICAS

Su cuerpo es fuerte y robusto, y sus pe-

queñas pero musculosas patas terminan en pies planos bien almohadillados. Tanto la cabeza como el hocico son ligeramente anchos, terminando en una mandíbula provista de una impresionante dentadura. La cola está amputada a la mitad de su tamaño y las orejas triangulares caen hacia delante. Sus ojos son redondos, de color castaño, con una mirada fija e inteligente. Su pelaje de alambre es largo y duro.

COMPORTAMIENTO

Se utilizó con éxito para la caza de roedores, nutrias y otros animales de madriguera. Hoy puede ser un adaptado animal de compañía, incluso en la ciudad, por su carácter afable sin grandes arranques de agresividad. Su pelo duro y alambrado es difícil de peinar y cuidar.

PECULIARIDADES

Se diferencia con el Norwich terrier en que éste tiene las orejas tiesas y se le cree emparentado con el cairn terrier y

Origen: Siglo XIX.
Función original: Cazar ratas.
Función actual: Compañía.
Longevidad: 13 años.
Peso: 5-9 kg.
Altura: 22-26 cm.

el scottish terrier. Fueron muy populares como animales de compañía de los estudiantes de la Universidad de Cambridge y pronto se mostraron como animales vivaces, alegres, fuertes y en absoluto pendencieros.

Norwich terrier

Origen: Siglo XIX.
Función original: Cazar ratas.
Función actual: Compañía.
Longevidad: 14 años.
Peso: 5-8 kg.
Altura: 22-26 cm.

HISTORIA

Raza que surge en Norwich, Gran Bretaña, en la mitad del siglo XIX, pero que se extingue después de finalizada la Segunda Guerra Mundial y se recupera con nuevos cruces con bull terrier e irish terrier, entre otros. Antiguamente se le conocía como Jones, aunque posteriormente se le dio el nombre de la ciudad de origen.

CARACTERÍSTICAS

Su tamaño es muy reducido y sus pequeñas extremidades están bien musculadas. El cuerpo es amplio y corto, la cola está amputada a la mitad de su largura, mientras que el cráneo y el hocico son anchos y con pelo más corto. Los ojos almendrados son de color oscuro. Sus orejas son erguidas y triangulares.

COMPORTAMIENTO

Tiene unas cualidades excelentes para la caza de pequeños roedores y animales de madriguera, pero también puede ejercer de perfecto vigilante. Es muy popular como animal de compañía y se adapta muy bien a la gente joven por su carácter alegre y dinámico.

PECULIARIDADES

Sumamente fuerte para su tamaño, posee una dentadura como una tijera y mantiene sus labios siempre bien apretados. Ya no se le suele amputar la cola y se le cree libre de taras hereditarias. Se le puede encontrar frecuentemente como mascota de los estudiantes de la Universidad de Cambridge.

Nova Scotia duck tolling retriever

Caza

HISTORIA

Antepasados de esta raza llegaron a Nueva Escocia desde Gran Bretaña. Es el resultado entre el cruce de retrievers y spaniels, y aunque actualmente es una raza poco difundida, le podemos ver más frecuentemente en algunas exposiciones caninas como animal exótico.

CARACTERÍSTICAS

Lo más llamativo es su pelaje denso, largo e impermeable. Su cuerpo compacto es fuerte y musculado, y sus

extremidades bien proporcionadas y provistas de robusta osamenta. Sus pulmones están bien desarrollados en un pecho profundo y ancho. Su cabeza es suavemente cuneiforme, de hocico alargado, trufa negra y ojos marrones oscuros. Las orejas están caídas y cubiertas de pelo. Tanto el pecho como la parte posterior de las extremidades y la cola tienen el pelo más largo que el resto del cuerpo.

COMPORTAMIENTO

Esencial para la caza de aves que habitan los lagos y pantanos, por su gran decisión para zambullirse en el agua, siendo también un perro adaptable a la vida familiar, tranquilo con los niños y dócil en la obediencia.

PECULIARIDADES

Estupendo perro para personas que no gustan de cuidar a sus animales demasiado, ya que este perro requiere de

Origen: Siglo XIX.
Función original:
 Levantar/cobrar aves acuáticas.
Función actual: Perro de muestra, compañía.
Longevidad: 13 años.
Peso: 16-24 kg.
Altura: 42-52 cm.

pocos cuidados, comportándose como un compañero juguetón, divertido y vivaracho.

Perro de nutria

Origen: Inglaterra.
Función original: Cazar nutrias.
Función actual: Compañía.
Longevidad: 11 años
Peso: 31-54 kg.
Altura: 56-70 cm.

HISTORIA

Llamado así porque fue creado para la caza de nutrias cuando éstas representaban una plaga en ciertas zonas de Gran Bretaña. Surge del cruce entre griffon nivernais, bloodhound, harrier o terrier de pelo áspero.

CARACTERÍSTICAS

El perro de nutria es capaz de oler y detectar la presencia de las nutrias gracias a las burbujas que salen de la superficie. Para cazarla se sumerge en el agua en busca de su presa o encuentra sus madrigueras.

De aspecto grueso pero fuerte, tiene un gran tamaño y resistencia al frío y al agua gracias a su pelaje frondoso, abundante y tosco, con una subcapa de pelo lanoso.

La cabeza, muy desarrollada, es alargada. Su hocico es negro, y sus labios caen colgantes ocultos por gruesos bigotes. Las orejas grandes y caídas están provistas, también, de gran cantidad de pelo. Sus ojos negros, de mirada digna, quedan parcialmente tapados por las cejas lanosas. La cola, sensiblemente curvada, permanece alta mientras está activo.

COMPORTAMIENTO

Debido a que la caza de nutrias está prácticamente abandonada, esta raza ha sido muy bien acogida para la compañía; por su carácter simpático y cariñoso se ha adaptado bien a vivir con el hombre en las ciudades.

PECULIARIDADES

Su doble pelaje muestra una capa externa dura al tacto, mientras que la interna es corta y lanosa. Se le conoce también como otterhound, y se le puede encontrar de diversos colores; gris, amarillo, mezcla de gris y negro, negro completo y rojizo.

Caza

Podenco ibicenco

Origen: Antigüedad.
Función original: Caza.
Función actual: Compañía, cobro, caza.
Longevidad: 11 años.
Peso: 18-24 kg.
Altura: 52-71 cm.

HISTORIA

Su origen, como su propio nombre indica, parte de la isla balear de Ibiza, pero fue hace muchos miles de años cuando lo exportaron los comerciantes de las costas mediterráneas, extendiéndose por toda la Península Ibérica y las costas mediterráneas de Francia. Se utilizó tanto como perro de exhibición como cazador de caza menor.

CARACTERÍSTICAS

Como buen perro cazador, su cuerpo está provisto de un esqueleto fuerte, de rectas y largas patas terminadas en dedos curvos de uñas blanquecinas. El pelaje de su cuerpo puede variar: largo o corto, suave o duro, y de gran variedad cromática. Su baja cola es recta y larga, y su nariz sonrosada nos avisa de la enfermedad cuando se muestra más pálida. De su cabeza alargada destacan unas amplias y puntiagudas orejas que junto a unos ojos vigilantes le proporcionan una evidente expresión de alerta.

COMPORTAMIENTO

Animal de buen carácter con su amo, puede en ocasiones mostrarse hostil con los extraños.

PECULIARIDADES

Se supone descendiente del pharom hound; su carácter independiente hace que trabaje muy mal en grupo en la caza. Con una vista tan aguda como su olfato, se adapta mejor al terreno que a la casa porque necesita imperiosamente correr largas distancias.

El podenco canario se cree que es originario de las islas, siendo muy parecido al ibicenco. Sin embargo, el podenco portugués no se parece a ambos, aunque es igualmente un buen cazador, pero le gusta por igual estar fuera que en el hogar.

Caza

Pointer

Caza

HISTORIA

Su origen se remota a Gran Bretaña en el siglo XVII a partir del cruce entre bulldog, setter, bull terrier, lebrel e incluso Terranova. Su verdadero origen es español, siendo considerado un perro clásico por su peculiar postura cuando descubre una presa.

Origen: Siglo XVII.
Función original: Rastrear la caza.
Función actual: Compañía, perro de muestra.
Longevidad: 13-14 años.
Peso: 20-30 kg.
Altura: 61-69 cm.

CARACTERÍSTICAS

Es un perro de gran belleza física que impresiona en la caza con su figura estática ante el avistamiento de la presa. Su cuerpo es esbelto y atlético, con una musculatura bien marcada, de extremidades potentes, más rectas las delanteras y de músculos enjutos las traseras. El pecho es profundo y ancho. La cola, de nacimiento amplio, se alarga fina hasta la punta. Su cabeza es grande y robusta, con orejas implantadas altas y colgantes. Los labios superiores son visiblemente mayores que los inferiores y tiene una mandíbula con dientes perfectos y ajustados. La trufa, situada por encima de la línea del hocico, varía su color según las manchas oscuras que prevalezcan en el pelaje. Sus ojos, de mirada inquisitiva y despierta, suelen ser de color marrón claro. El pelaje es muy corto, liso y brillante, nunca formando franjas sino una especie de manchas no uniformes.

COMPORTAMIENTO

Se ha utilizado sobre todo para la caza de perdices, codornices o faisanes, pero puede ser un buen perro de caza de liebres, conejos, etc. Por su carácter prudente y cariñoso es aceptado con agrado en las familias como perro de compañía, adaptándose bien a los niños y recibiendo sin agresividad a los extraños.

PECULIARIDADES

No se adapta muy bien a la vida en el hogar, aunque no por ello deja de ser sociable, cariñoso y muy limpio; aunque necesitará realizar mucho ejercicio si se desea tenerlo como mascota. La variedad hertha pointer posee un color rojo pálido y es algo menor pero más musculado.

Rhodesian ridgeback

HISTORIA

De origen sudafricano, se tiene como primera referencia de su existencia una raza de perros crestados que acompañaban a los hotentotes del sur de áfrica en sus cacerías. Pero fue en 1922 cuando un grupo de criadores reunidos en Zimbabue cruzó una serie de razas de origen europeo con estos perros crestados, dando lugar al rhodesian ridgeback que hoy conocemos.

Origen: Siglo XIX.
Función original: Caza.
Función actual: Compañía, seguridad.
Longevidad: 11 años.
Peso: 27-38 kg.
Altura: 60-71 cm.

CARACTERÍSTICAS

Su estructura corporal está bien distribuida, con sus extremidades fuertes, musculosas y ágiles. Los hombros están claramente marcados y los pies bien almohadillados con dedos sensiblemente arqueados. La cola ancha está ligeramente curvada en su nacimiento. La cabeza, alargada y amplia, termina en un hocico negro o marrón oscuro, según su pelaje, con orificios muy marcados. Las orejas caen largas pegadas a ambos lados de la cara. Los ojos suelen ser de color avellana o ámbar. La mandíbula está provista de imponentes caninos. Todo su cuerpo está cubierto de un pelaje corto, denso y duro, destacando una especie de cresta que recorre toda su espalda en dirección contraria al resto del pelaje.

COMPORTAMIENTO

Por su fuerza corporal y su desarrollada dentadura se ha empleado en la caza mayor, sobre todo en safaris, pero es excelente como animal de compañía por su carácter sosegado y obediente. Puede soportar temperaturas muy elevadas.

PECULIARIDADES

Su habilidad para cazar leones consistía en no enfrentarse a ellos, distrayéndoles y mordiéndoles repetidas veces. Ágil y muy rápido, es empleado como perro policía y también como guía de ciegos. No se deja sobornar con facilidad por los extraños y por eso puede ser un eficaz guardián sin necesidad de adiestrarlo.

Caza

Sabueso de San Huberto

Origen: Edad Media.
Función original: Seguir rastros.
Función actual: Compañía, rastreo.
Longevidad: 11-12 años.
Peso: 35-52 kg.
Altura: 56-68 cm.

HISTORIA

Dentro de la familia de los sabuesos es el más antiguo, traído hasta Europa por los normandos que regresaban en la época de las Cruzadas desde Oriente Próximo. Esta raza debe su nombre a los monjes del monasterio de San Huberto, en Bélgica, encargados de su crianza durante siglos.

CARACTERÍSTICAS

Su cuerpo es fuerte y ancho, de patas rectas y robustas. La fuerza de su espalda le permite trabajar durante largas horas. El cuello es ancho y musculoso. La cabeza es alargada con una gran nariz negra y labios amplios y colgantes, al igual que sus orejas, de posición baja y trasera. Sus ojos hundidos están protegidos por párpados semiplegados y colgantes. La cola es larga, arqueada y fuerte. El pelaje duro y corto envuelve todo su cuerpo, más suave en las orejas y la cabeza.

COMPORTAMIENTO

Es lento y tiene el sentido del olfato muy desarrollado, siendo objeto de grandes éxitos en labores de rastreo y rescate. Su carácter amigable y bondadoso le hacen ideal para la compañía, pero poco dispuesto para el adiestramiento.

PECULIARIDADES

También es conocido como chien de Saint Hubert y bloodhound. Posee un andar majestuoso, pesado y en apariencia lento, y aunque poco amable con los extraños tiene fama de bueno, aunque algo terco.

Caza

Sabueso español

Caza

HISTORIA

La raza fue traída a España por los fenicios y en la Península se ha desarrollado hasta su apariencia actual. Se piensa que deriva de la misma especie que el sabueso de San Huberto. Ambas pertenecen a una de las razas más antiguas llevadas, dicen, por Guillermo el Conquistador a Europa en el año 1066.

CARACTERÍSTICAS

De cuello fuerte y musculoso, tiene la cabeza triangular, trufa oscura y stop

poco marcado. Sus ojos almendrados están rodeados por unos párpados ceñidos y tiene, además, largas orejas redondeadas y caídas. Muestra también un torso largo con un ancho tórax y cola en forma de sable. Su pelo, denso y raso, resulta un poco áspero al tacto.

COMPORTAMIENTO

No es una raza agresiva, pero puede ser temperamental y conviene introducirlo con precaución en ambientes extraños. Es utilizado especialmente para la caza y, en algunos casos, como perro guardián. Se le considera muy adecuado para estar con niños, por su carácter equilibrado y afectuoso.

PECULIARIDADES

Se adapta con facilidad al terreno y al clima, logrando ser un eficaz cazador de zorros y jabalíes. Fuerte y resistente, no es adecuado para mantenerlo en un hogar. Actualmente el tradicional tipo

Origen: Edad Media.
Función original: Rastrear la caza.
Función actual: Perro de muestra, compañía.
Longevidad: 12-13 años.
Peso: 21-28 kg.
Altura: 48-55 cm.

ligero que había sido característico en esta raza, ha conducido a otro más elástico y de menos peso que el anterior.

Scottish terrier

HISTORIA

Su origen se remonta a finales del siglo XIX, en Escocia, más concretamente en la ciudad de Aberdeen, aunque ahora tienen más popularidad en Estados Unidos que en Gran Bretaña. Su verdadero origen, no obstante, data de principios del siglo XVIII, en que era conocido como Aberdeen terrier, nombre otorgado por ser la misma ciudad donde era criado.

CARACTERÍSTICAS

Su estructura es robusta, de gran consistencia. Sus extremidades son muy cortas en comparación con el cuerpo, aunque las patas traseras son excepcionalmente fuertes. La cabeza es alargada, de hocico ligeramente inclinado y trufa negra grande. Las orejas son pequeñas, erguidas y puntiagudas. Sus ojos oscuros son ligeramente ovalados. Las ce-

Origen: Siglo XIX.
Función original: Cazar mamíferos pequeños.
Función actual: Compañía.
Longevidad: 14 años.
Peso: 8-12 kg.
Altura: 24-29 cm.

jas y el bigote, con pelo muy largo, le dan un aspecto romántico. La cola, de largura media, la lleva casi siempre alta y estirada.

Lo más llamativo de esta raza es su abundante pelaje de tacto duro, alambrado y tosco, con una capa inferior más suave y corta.

COMPORTAMIENTO

Es un perro inteligente y su carácter fiel, alegre pero independiente, le hace idóneo para la vigilancia y la defensa de una propiedad o de las personas de la familia a la que pertenezca. Desconfiado con los extraños, suele encariñarse exclusivamente con los miembros de la familia. Antiguamente se le empleaba para la caza de la nutria, conejos y otros animales de madriguera.

PECULIARIDADES

Al igual que sus hermanos de raza terrier, es un perro que tradicionalmente se ha utilizado como cazador por su dureza y resistencia. Conocido también como terrier de Aberdeen, se cuenta que la propia reina Victoria tenía uno. No necesita mucho ejercicio para mantenerse fuerte y su gran personalidad exige una esmerada educación no exenta de firmeza.

Caza

Setter gordon

Caza

HISTORIA

El setter gordon desciende de los llamados perros de aguas, y se cree que a finales del siglo XVIII, Richmond y Gordon, en Banffshire (Escocia), engendraron un nuevo tipo de setter empleando perros de aguas morenos. En 1859, todas las castas de setter compitieron juntas en un mismo grupo en las exhibiciones, y en 1862,

Origen: Edad Media.
Función original: Rastrear caza.
Función actual: Perro de
   muestra, compañía.
Longevidad: 12-13 años.
Peso: 20-27 kg.
Altura: 45-57 cm.

el setter gordon fue reconocido como casta por el club de perros británico, siendo muy popular en los años 1880 gracias al señor Chapman. Se considera que estos perros son la base de la cría para el setter gordon de hoy.

CARACTERÍSTICAS

El setter gordon es de color negro con marcas canelas, orejas finas y más largas que las del setter inglés. En conjunto se trata de una raza apta para la caza, robustos, de buen olfato y belleza. Su talla oscila entre los 56 a los 66 cm, mientras que su peso varia entre 24 y 30 kilos. Lo podemos encontrar de pelo liso, muy sedoso y algo ondulado, siendo su color negro o fuego. Posee stop definido, pelo sedoso y brillante, morro largo y patas anteriores bien empenachadas.

COMPORTAMIENTO

De pequeño tarda mucho en madurar, por lo que no es el mejor momento para educarlo, a no ser que se haga con precisión y maestría. Los defectos ocasionados por una incorrecta educación en esa época no se pueden corregir con posteriori-

dad y aparecerán trastornos en la coordinación. Su aspecto habitualmente negro y su porte nunca exagerado le convierten en un perro apto para la caza, pues localiza su presa sin apenas movimiento. Es obediente y leal.

PECULIARIDADES

El setter gordon a veces se llama setter escocés, setter negro o setter color canela. Se considera menos elegante que el setter irlandés, pues es más rústico, pero como contrapartida es mejor guardián, más obediente y buen corredor de fondo. Sus características pudieran ser la consecuencia de haberse obtenido mediante los cruces de setter negro, collie, setter irlandés, gran spaniel y San Huberto.

Setter inglés

HISTORIA

Surge en Francia en el año XVI como resultado del cruce entre el pointer francés y el braco español. En el año 1800 fue llevado al Reino Unido, donde se desarrolló con la belleza que hoy conocemos. Es por tanto el setter más antiguo de todos, y consiguió esa gran belleza por su entrenamiento en campo abierto.

CARACTERÍSTICAS

Su cuerpo elegante, perfectamente estructurado, está bien dotado de músculos y fuerte osamenta. Las extremidades resistentes terminan en pezuñas compactas con pelo corto y suave entre los dedos. Su cráneo es robusto, algo curvo pero alargado, con hocico igualmente largo y stop evidente. Sus mandíbulas son perfectas y potentes; los labios son grandes, pero no cuelgan en exceso y la trufa negra tiene orificios amplios. Los ojos, de tamaño grande, suelen ser marrones o pardos y reflejan una mirada sabia y tranquila. Las orejas, de tamaño medio, cuelgan formando pliegues. La cola es larga con franjas. Su pelaje es suave, largo y más abundante en el pecho, la parte posterior de las extremidades y las nalgas.

COMPORTAMIENTO

Cazador incansable, no tiene dificultades para adaptarse a cualquier tipo de caza y sirve en todos los terrenos, campiña, bosque, charcas, etc. Resiste a las inclemencias del tiempo y posee un olfato muy desarrollado. Es un perro fiel a su amo, atento y obediente, muy familiar y propenso a las exaltaciones.

PECULIARIDADES

Trabaja muy bien en campo abierto y colabora con el resto de sus compañeros. Su fuerte instinto logra encontrar caza en lugares aparentemente desérticos. Tiene tendencia a engordar.

Origen: Siglo XVI.
Función original: Cobrar aves, mostrar aves.
Función actual: Compañía, cobro.
Longevidad: 14 años.
Peso: 24-32 kg.
Altura: 58-68 cm.

Setter irlandés

Caza

Origen: Siglo XVIII.
Función original: Cobrar
y mostrar la caza.
Función actual: Compañía.
Longevidad: 16-17 años.
Peso: 28-32 kg.
Altura: 62-69 cm.

HISTORIA

Casi tan antiguo como el setter inglés, concretamente del siglo XVIII, es el resultado del cruce entre setters escoceses, braco español y diferentes spaniels.

De todos los setters es el más apreciado actualmente y para muchos el más bello de todos, siendo igualmente apto para la caza, el juego y las exposiciones, en donde es famoso por su clásica y elegante postura.

CARACTERÍSTICAS

Su cuerpo, suavemente arqueado hacia el cuello, describe una estructura estrecha pero bien musculada. Pecho profundo, cuartos traseros fuertes y cola en posición elevada cubierta de franjas de pelo. La cabeza es alargada con hocico fino y recto, mandíbulas que encajan perfectamente, trufa oscura tirando a negra, ojos marrones oscuros y stop no muy pronunciado. Las orejas nacen bajas, en forma trian-

gular, de piel fina, y pelo corto y suave. Su pelaje es sedoso, largo, fino y elegante, mucho más corto en la cabeza, orejas y papada.

COMPORTAMIENTO

Es muy utilizado para cualquier tipo de caza, siendo un perro resistente a climas húmedos, hábil en parajes angostos y pedregosos, muy rápido y de olfato exquisito. Tiene un temperamento enérgico pero sensible ante las reprimendas y agradecido a los halagos.

PECULIARIDADES

Empleado en algunos países como perro de exposición, es una mascota muy activa y vivaz. Debe hacer mucho ejercicio al aire libre y requiere una educación constante porque no acepta de buen grado la obediencia.

El setter irlandés rojo y blanco es algo más fuerte, más obediente e igualmente adecuado al trabajo. Ambos necesitan un cuidado diario de su pelo.

Silky terrier

COMPORTAMIENTO

Su carácter inquieto, valiente y simpático hace de él un alegre compañero. Solamente es utilizado como animal de compañía, aunque sus cualidades como cazador no son despreciables. Sumamente inteligente en el aprendizaje es un perro muy curioso, sociable y que no se echa atrás en las confrontaciones con otros perros.

PECULIARIDADES

Reconocido injustamente como perro faldero, es un hábil cazarratones que soporta perfectamente la vida hogareña. Necesita dar largos paseos diarios y hacer ejercicio, aunque simplemente con los juegos puede ser suficiente. Los cachorros nacen con un precioso color negro que requiere cierto cuidado para que mantengan su belleza.

Origen: Siglo XX.
Función original: Compañía.
Función actual: Compañía.
Longevidad: 13 años.
Peso: 4-8 kg.
Altura: 21-24 cm.

HISTORIA

Creado a principios del siglo pasado, surge en Australia del cruce entre yorkshire, silky terrier o cairn terrier. Ha tenido mucho éxito en Estados Unidos y Canadá, pero también se pueden ver ejemplares dispersos por Europa. Su clasificación se estableció de una manera definitiva en 1962, matizándose aún más en 1967.

CARACTERÍSTICAS

Su fino pelaje, de gran belleza, es de color blancó azulado en el manto y fuego en las patas, mientras que en la cabeza se mezclan ambas tonalidades. Su cuerpo compacto, finamente musculado, es alargado, con extremidades cortas y pequeños pies, y una cola amputada a la mitad de su largura. La cabeza guarda las características de la mayoría de los terrier, ligeramente ancha entre las orejas y hocico estrecho pero no demasiado largo. La trufa es negra, los ojos marrones oscuros y redondos, parcialmente tapados por mechones de pelo. Las orejas, triangulares y puntiagudas, están erguidas.

Skye terrier

HISTORIA

Surge en el siglo XVII en las islas Hébridas de Escocia como resultado del cruce entre terriers escoceses y perros malteses. Esta raza evolucionó a partir de perros muy pequeños que se empleaban para cazar animales como tejones, zorros y nutrias. Existen también otros datos que le mencionan como originario de la isla de Skye, de la cual tomó su nombre, y por otro lado hay quien asegura que es simplemente un terrier de Cairn.

CARACTERÍSTICAS

Su cuerpo es cuatro veces su altura y las extremidades son por tanto muy cortas. La cabeza es larga, con trufa negra y mandíbula poderosa. Las orejas puntiagudas pueden estar erguidas o caídas, siempre cubiertas de pelo largo. Sus ojos, marrón oscuro, se ocultan tras un

Origen: Siglo XVII.
Función original: Caza menor.
Función actual: Compañía.
Longevidad: 14 años.
Peso: 8-12 kg.
Altura: 20-26 cm.

mechón de pelo. La cola de tamaño mediano está siempre colgante y recta. Su pelaje es duro, liso y abundante, más corto en la cara.

COMPORTAMIENTO

Aunque de forma inesperada pueda llegar a morder, es un perro afectuoso y fiel. En sus orígenes fue empleado para la caza menor y de madriguera, pero hoy es esencialmente un simpático perro de compañía que sin embargo se muestra receloso con los extraños. Su potente mandíbula y sus cortas patas,

no obstante, le hacen ser muy apto para entrar en lugares muy pequeños en busca de presas.

PECULIARIDADES

Genéticamente era perro de caza; ahora es un perro de compañía de difícil carácter, terco, aunque leal con su amor. De fuerte y complicada personalidad, no es adecuado para casas con niños y hay que respetar su tendencia al individualismo. Dotado de una gran belleza natural se le puede ver con frecuencia en los concursos para perros.

Caza

Soft-coated wheaten terrier

Origen: Siglo XVIII.
Función original: Pastoreo, cazar alimañas.
Función actual: Compañía.
Longevidad: 13-14 años.
Peso: 15-20 kg.
Altura: 42-49 cm.

Caza

HISTORIA

Nacido en el condado de Kerry, Irlanda, tuvo que aparentar ser simplemente un animal de compañía, puesto que una antigua ley prohibía a los campesinos irlandeses tener perros de caza. Su aspecto pastoril le emparenta con el irish terrier, siendo el representante más joven de esta raza. Su clasificación se estableció definitivamente en 1933.

CARACTERÍSTICAS

No demasiado alto, es un perro fuerte y atlético, destacando la musculatura

de sus patas traseras. La cola amputada la lleva alta. La cabeza es grande y ancha con hocico no muy largo terminado en trufa negra. Toda la cara está cubierta de un abundante pelo largo que tapa parcialmente sus ojos castaños. Las orejas, de pelo corto y azulado, caen hacia delante en forma de «v». La mandíbula está provista de grandes dientes, aptos para la caza. Todo el pelo que cubre cara y cuerpo es muy suave y largo, dibujando rizos de mechones ondulados.

COMPORTAMIENTO

Muy popular en Canadá y Estados Unidos, es un perro polifacético, útil tanto para la caza, la vigilancia o defensa, el pastoreo y fiel animal de compañía. Los irlandeses, por el contrario, le emplean preferentemente como pequeño animal guardián para sus jardines, adaptándose perfectamente a vivir a la intemperie.

PECULIARIDADES

Para conseguir su apariencia tradicional hay que mantener su pelo ondulado y suave. Es necesario tenerle alejado de otros perros, salvo que esté muy bien educado. Su nombre, traducido como «vestido suave de grano», nos define perfectamente su pelo suave y abundante profusamente ondulado y de color trigueño.

Teckel

HISTORIA

Vulgarmente conocido como perro «salchicha», el teckel de pelo liso ha sido utilizado durante el último siglo como perro especialista en la caza en madriguera, aunque, sin embargo, su primera aparición se remonta a 5.000 años, pues varias imágenes de esta raza han aparecido en restos egipcios. La variedad actual se originó en Alemania.

CARACTERÍSTICAS

Corto de extremidades, presenta una cabeza estrecha y alargada que se aguza hacia la nariz, con el cráneo un tanto convexo y los ojos ovalados; lateralmente le caen las redondeadas orejas. Escondida tras sus firmes labios, destaca una poderosa mandíbula con robustos caninos. El cruce de teckel con otras razas ha propiciado la aparición de nuevas variedades. Así, el teckel enano de pelo largo parece provenir del cruce con un spaniel, mientras que el teckel enano de pelo duro desciende del cruce con algún pinscher de pelo áspero. Aunque físicamente son casi idénticas, las nuevas razas tienen alguna diferencia respecto al teckel original en cuanto a su carácter.

En la fotografía aparecen las tres variedades de teckel (*de izquierda a derecha:* teckel enano de pelo duro, teckel de pelo liso y teckel de pelo largo).

COMPORTAMIENTO

Descendiente del sabueso, valiente, listo y cariñoso, este perro se ha utilizado en múltiples ocasiones para la caza, especialmente en madrigueras, y aún se prepara para esa actividad en algunos países. Sin embargo, cada vez sirve más como perro de compañía, siendo un excelente perro guardián, pues es un gran ladrador.

Origen: Siglo XX.
Función original: Levantar tejones.
Función actual: Compañía.
Longevidad: 15-16 años.
Peso: 4-10 kg.
Altura: 11-23 cm.

PECULIARIDADES

Sus patas cortas posibilitan el rastreo por la vegetación y su lentitud al andar facilita el seguimiento de los cazadores. De gran olfato para rastrear sangre, es capaz de enfrentarse a animales más poderosos, aunque ahora hay quien lo prefiere solamente por ser alegre, juguetón y de mímica variada.

Caza

Terrier australiano

HISTORIA

Obtenido en el siglo pasado en Australia, es una mezcla entre cairn terrier, torwich, tkye y torkshire. Fue reconocido oficialmente como raza en 1933.

Origen: Siglo XX.
Función original: Cazador de ratas en las granjas, perro guardián.
Función áctual: Compañía.
Longevidad: 14 años.
Peso: 5-7 Kg.
Altura: 20-24 cm.

CARACTERÍSTICAS

El cuerpo es largo en relación con sus cortas extremidades. Los pies son pequeños, de cuyos dedos sobresalen unas negras. Su cola está amputada a la mitad de su largura. La cabeza es ancha con hocico de tamaño medio, con la trufa negra y mandíbula muy desarrollada en forma de tijera. Sus orejas triangulares pueden estar erguidas o inclinadas hacia delante. Los ojos son pequeños y oscuros, tapados parcialmente por el pelo de las cejas. El pelaje es largo y duro, áspero al tacto.

COMPORTAMIENTO

Es un perro inteligente y vivaz, capaz para la defensa y la vigilancia. Buen compañero, se adapta perfectamente a la vida familiar, mostrando en todo momento una posición altanera aunque graciosa. Con su baja estatura y sus orejas siempre erguidas buscando cualquier sonido, es un perro muy activo con el que podemos desempeñar cualquier tipo de actividad.

PECULIARIDADES

Su habilidad para capturar serpientes le hace ser un perro imprescindible en ciertos lugares. Todavía conserva su capacidad ancestral para la caza menor e incluso para controlar el ganado. Es de destacar que, aunque tiene un color azul o gris plateado, sus cachorros nacen totalmente negros, cambiando de color a los tres meses.

Weimaraner

Origen: Siglo XVII.
Función original: Rastrear caza mayor.
Función actual: Perro de muestra, compañía.
Longevidad: 12 años.
Peso: 30-38 kg.
Altura: 55-71 cm.

Caza

HISTORIA

Hay varias teorías sobre su origen: se cree que son descendientes de antiguos bracos alemanes, o de los desaparecidos leithund, pero otros opinan que son una raza evolucionada del sabueso alemán braken. También hay datos que afirman que en realidad es una evolución mediante el cruce de sabuesos con pointers y algunos perros de caza.

CARACTERÍSTICAS

Su porte es de gran belleza, de músculos bien marcados y definidos, extremidades delanteras rectas y fuertes, y traseras con cuartos muy musculados. El pecho es profundo, provisto de costillas arqueadas que albergan pulmones resistentes. La cabeza es robusta, ancha e imponente, con stop poco pronun-

ciado, hocico alargado y potente. Los ojos, de colores muy variados como el marrón, el ámbar e incluso gris, azul y verde, tienen una mirada atenta y vivaz. Las orejas implantadas altas cuelgan a ambos lados de la cara. La cola está amputada y se mantiene con tendencia baja. El pelaje es muy corto, denso, liso y de aspecto limpio, pero hay una variedad menos numerosa de pelo largo.

COMPORTAMIENTO

Se utilizó sobre todo para la caza, siendo válido para cobrar o rastrear. Es una raza que necesita de espacios amplios, aunque se adapta bien a la vida familiar.

Gracias a su gran inteligencia y agilidad, es utilizado frecuentemente como perro de ayuda a la policía, características que van unidas a su buen olfato, resistencia y entusiasmo por trabajar.

PECULIARIDADES

Elegante y muy popular, tiene un gran olfato y su agresividad contenida le hace apto para la defensa. Necesita mucho movimiento. El weimaraner de pelo largo tiene la cola amputada y abundante pelo en las orejas. Durante un tiempo fue mascota habitual en la Casa Blanca, desde que fue llevado por primera vez por el presidente Eisenhower.

Welsh springer spaniel

Caza

HISTORIA

Surge en Gran Bretaña del cruce entre distintos spaniels, y su primera representación data del siglo XVII.

CARACTERÍSTICAS

Su estructura corporal, incluido el cuello, es de musculatura fuerte y compacta. La cabeza, ligeramente curva, tiene un hocico cuadrado y largo, con mandíbulas potentes y stop marcado. Sus ojos son marrones oscuros, suavemente ovalados. Las orejas, de tamaño medio, están caídas junto a las mejillas. El pela-

je que cubre todo el cuerpo tiene un tacto sedoso, liso, muy abundante, más largo en el pecho, parte posterior de las patas e inferior del torso. La cola, de largura media, permanece baja.

COMPORTAMIENTO

Su gran resistencia le ha proporcionado utilidades muy diversas: perro pastor de ovejas o vacas, perro cazador y cobrador y, cómo no, buen animal de compañía. Es independiente, pero adaptable al adiestramiento, de buen humor y simpatía.

PECULIARIDADES

Amistoso y atento, es un buen perro de caza que encuentra sin problemas presas ocultas, incluso en terrenos muy difíciles. Adecuado para trabajar a la intemperie, soporta muy bien el sol intenso lo mismo que el agua helada, y es capaz de trabajar largamente sin mostrar cansancio. Su defecto es que no obedece fielmente las órdenes y sue-

le alejarse con frecuencia del lugar de trabajo, por lo que necesita un entrenamiento adecuado que se debe efectuar desde muy temprana edad.

Origen: Siglo XVII.
Función original:
  Levantar/cobrar la caza.
Función actual: Compañía,
  perro de muestra.
Longevidad: 12-13 años.
Peso: 14-21 kg.
Altura: 40-48 cm.

Razas de Compañía

Affenpinscher

Compañía

HISTORIA

De origen desconocido, se le ha emparentado con el grifón belga y el terrier, siendo descendiente de distintas razas traídas de Asia, de tipo carlino, y grifones de origen belga. Situando su primera aparición en Alemania, hoy no quedan demasiados ejemplares en este país, aunque, sin embargo, ha tenido mucha aceptación en Estados Unidos.

CARACTERÍSTICAS

Es un perro pequeño de simpático aspecto. Su cuerpo compacto está sujeto por extremidades de fuertes huesos y músculos. Su cráneo es convexo y la cabeza ancha, destacando en

ella sus ojos, parcialmente cubiertos por el pelo de las cejas, redondos y oscuros; con mirada viva y nerviosa. Las orejas son puntiagudas y erguidas, mientras que el hocico es robusto y con la nariz negra, estando toda la cara cubierta de un pelo largo y áspero. La cola, de largura media, se mantiene en posición elevada. Todo el cuerpo está cubierto de un pelaje ligeramente ondulado, de tacto duro y áspero, especialmente en el pecho y la barba.

COMPORTAMIENTO

Su carácter es fuerte y de difícil adiestramiento, pudiendo incluso ser violento y agresivo con los extraños, pero siempre cariñoso con la familia a la que pertenece. Tiene por ello excelentes cualidades como perro guardián, siendo también válido como cazador de roedores y conejos.

PECULIARIDADES

Con una barba abundante y las cejas hacia arriba, no es extraño que haya quien lo considere un cruce entre mono y perro. Extravagante y de fuerte personalidad, su afición a ladrar le hace adecuado para la vigilancia y su pequeño tamaño no impide que sepa hacer frente a los agresores. De gran longevidad, solamente requiere que le cepillen el pelo diariamente, salvo por la cabeza, y que se lo corten con regularidad.

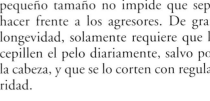

Origen: Siglo XVII.
Función original: Cazar alimañas.
Función actual: Compañía.
Longevidad: 15 años.
Peso: 3-5 kg.
Altura: 21-30 cm.

Bichon à poil frisé

Compañía

HISTORIA

De origen francés, este perro fue obtenido en el siglo XV a partir del bichón maltés, y pronto se convirtió en uno de los favoritos de la realeza. Se le puede encontrar inmortalizado en algunos cuadros de Goya, gracias a los cuales alcanzó gran popularidad. Posteriormente, su fama llegó a América.

CARACTERÍSTICAS

Su pequeña cabeza muestra un stop poco marcado y termina en un hocico moderado con trufa negra. Tiene los ojos redondos y oscuros, bordeados en un tono también oscuro, mientras que sus orejas caídas son algo menores que las del caniche. Su cola se curva ligeramente sobre la espalda sin llegar a enroscarse, pero si está relajado cuelga lacia. Le cubre un manto de pelo fino y sedoso, casi siempre en blanco, aunque a veces muestra manchas en marrón o gris.

COMPORTAMIENTO

Atrevido, afectuoso y de fuerte carácter, a pesar de su corta estatura, es uno de los preferidos para acompañar en un pequeño piso.

PECULIARIDADES

De un pelo que llama poderosamente la atención, debidamente cortado constituye todo un espectáculo sumamente bello. Demasiado sensible para ser criado por personas vulgares, necesita a su lado una persona de carácter tranquilo. Su aspecto es similar al caniche en miniatura, y requiere un aseo regular e importante.

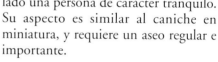

Origen: Edad Media.
Función original: Compañía.
Función actual: Compañía.
Longevidad: 13 años.
Peso: 3-5 kg.
Altura: 22-31 cm.

Bichón maltés

Origen: Antigüedad.
Función original: Compañía.
Función actual: Compañía.
Longevidad: 15 años.
Peso: 2-5 kg.
Altura: 18-25 cm.

HISTORIA

Conocido desde la antigüedad, este perro es resultado del cruce entre el spaniel miniatura y el caniche enano. Antes se le conocía como terrier maltés. Fue descrito en la antigüedad por el filósofo griego Teofrasto, quien hablaba de él como una pequeña raza proveniente de la isla de Malta.

CARACTERÍSTICAS

No es muy grande y su cabeza presenta un stop poco marcado, trufa negra y ojos redondos y oscuros, un tanto saltones. De orejas abundantemente empenachadas, se caracteriza por un hermoso pelaje, pesado y largo, que nunca muda.

COMPORTAMIENTO

Es un perro cariñoso, especialmente con los niños, y aunque le gusta el ejercicio puede adaptarse a una vida seden-

taria si no tiene oportunidad de practicarlo. A pesar de parecer un perro tranquilo y muy simpático, cuando las circunstancias lo requieren se convierte en un perro astuto y muy alerta, que se sobresalta ante cualquier ruido.

PECULIARIDADES

Curiosamente no procede de Malta, sino de la isla Meleda, y se cree que originariamente llegó desde Egipto.

Se le atribuyen propiedades de curanderismo contra todo tipo de enfermedades, especialmente cuando la melancolía y la depresión están también presentes. Sanos y fuertes, de gran longevidad, son perros muy fáciles de manejar y que gustan de estar con sus amos. Hay que cepillar a diario su pelo, limpiarle los ojos por las mañanas, y la barba después de comer, lo mismo que la región anal.

Compañía

Boston terrier

HISTORIA

Surge a finales del siglo XIX del cruce entre muy distintos perros como el bouledogue francés, bull terrier o boxer y bulldog. Su popularidad proviene desde el siglo XIX de la ciudad de Boston y es ahora uno de los perros más difundidos en los Estados Unidos por su buen carácter.

CARACTERÍSTICAS

Su cuerpo está perfectamente proporcionado y bien musculado. La cabeza, ancha y plana, termina en un hocico corto y cuadrado de trufa negra. Los ojos son grandes y redondos, de color marrón oscuro, y mirada atenta y cariñosa. Las orejas son triangulares, erguidas y ligeramente redondeadas en las puntas. El pelaje es muy corto, suave y fino.

COMPORTAMIENTO

Es un perro muy familiar y amigable, de buen carácter, destinado a la vida de animal de compañía, adaptable en apartamentos y útil, también, como perro de defensa y vigilancia.

PECULIARIDADES

Muy veloz, alegre e inteligente, se le puede educar con facilidad y reacciona sin problemas a la voz de su amo. Poco dado a ladrar en las labores de vigilancia, defiende ferozmente su territorio ante los extraños.

Origen: Siglo XIX.
Función original: Cazar ratas, compañía.
Función actual: Compañía.
Longevidad: 13 años.
Peso: 4-11 kg.
Altura: 38-43 cm.

Compañía

Bulldog inglés

pio y casero, además de muy fiel. En la actualidad se utiliza casi exclusivamente para las exposiciones, además de compañía.

PECULIARIDADES

Aunque con tendencia a padecer problemas respiratorios y de movimiento, si se cuida su alimentación y se le obliga a realizar ejercicio no tendrá problemas de salud. Amigable, alegre y muy casero, es ahora un perro encantador con un carácter obstinado. Hay que cuidarle también los ojos y los pliegues de la nariz.

HISTORIA

Aunque desciende del antiguo mastín asiático, la raza fue completamente formada en Gran Bretaña. Durante mucho tiempo se utilizó, por su agresividad y resistencia, en el hostigamiento de toros, y cuando esta práctica fue prohibida estuvo al borde de la extinción. En Estados Unidos es un perro muy apreciado, tanto en operaciones bélicas como por su buen comportamiento como animal de compañía.

CARACTERÍSTICAS

Pequeño de estatura, aunque ancho de constitución, presenta una cabeza asombrosamente grande, con trufa negra muy cerca de los ojos, redondos y distantes entre sí, con pequeñas orejas echadas hacia atrás en forma de «rosa». Su hocico es corto y arrugado y el labio superior cae pesadamente sobre la mandíbula inferior, bastante prominente. Su pelo, fino y corto, es bastante suave.

COMPORTAMIENTO

Siempre ha sido un perro agresivo y sanguinario, pero las selecciones efectuadas en el último siglo han creado una nueva variedad que, conservando su fiero aspecto, resulta bonachón, lim-

Origen: Siglo XIX.
Función original: Hostigar toros.
Función actual: Compañía.
Longevidad: 9-11 años.
Peso: 23-25 kg.
Altura: 31-36 cm.

Compañía

Caniche mediano

Origen: Edad Media.
Función original: Cobrar en el agua.
Función actual: Compañía, seguridad.
Longevidad: 13-14 años.
Peso: 22-31 kg.
Altura: 35-39 cm.

HISTORIA

Su origen y características principales son comunes a las de todos los caniches. Antiguamente se le empleaba en Alemania para atrapar patos en el agua. Su nombre proviene de la palabra *canard,* que quiere decir pato, en alusión a que era un excelente cazador de piezas en pantano.

CARACTERÍSTICAS

Su pelaje necesita de cuidados concretos y debe esquilarse periódicamente, pero, a diferencia de otros caniches, no muda el pelo, lo que le convierte en animal de compañía ideal para las personas con alergia. Su cabeza es elegante, bien proporcionada y rectilínea, con dientes que encajan perfectamente y cráneo bien definido.

COMPORTAMIENTO

Es, sobre todo, un animal de compañía y, como buen perro de agua, ideal para la guarda, de fácil trato y adiestramiento. Inteligente y audaz, se le considera un perro de buen carácter, especialmente apto para concursos y exhibiciones.

PECULIARIDADES

Empleados en la antigüedad para el circo y la búsqueda de trufas, en la actualidad son esencialmente animales de compañía. Inteligentes y juguetones, son muy afectuosos con sus amos y de fácil carácter. No es agresivo con los demás perros, no suele ladrar y es indiferente a los extraños. Se les realiza un corte de pelo tradicional con melena de león y cola rapada, salvo un muñón final, labor que hay que realizar cada cuatro semanas.

El caniche gigante es un perro no mordedor, sociable y adecuado para estar con niños. En total existen cuatro tipos de caniche diferenciados por su tamaño y color.

Es importante no cruzarle con caniches consanguíneos, pues esto degeneraría la raza.

Cavalier King Charles spaniel

Origen: 1925.
Función original: Compañía.
Función actual: Compañía.
Longevidad: 12 años.
Peso: 4-8 kg.
Altura: 28-32 cm.

HISTORIA

De origen incierto, posiblemente tiene los mismos antecedentes que el king charles spaniel. De hecho, es muy similar a éste, aunque tiene la nariz más pronunciada. Precisamente se hizo popular por su corta nariz y en la actualidad existe todavía una ley que le permite ir por todas partes.

CARACTERÍSTICAS

Su cabeza muestra un stop poco marcado, hocico cónico y fosas nasales abiertas. Los labios superiores cuelgan ligeramente sobre los inferiores. Ojos oscuros, no tan separados como sus congéneres, y largas orejas son otras de sus características. Su cuerpo termina en una larga cola muy empenachada y el cuerpo está cubierto por un pelo largo y sedoso, ondulado pero sin rizos.

COMPORTAMIENTO

Vivaz y deportivo, este simpático perro de compañía posee olfato y vista finísimos, por lo que a veces se utiliza para la caza breve en la llanura. Sin embargo, está también dispuesto a hacerse un ovillo en el sofá de cualquier apartamento.

PECULIARIDADES

Recreado frecuentemente en las pinturas de populares pintores, volvió a estar de moda en la mitad del siglo XX, llegando a superar en aceptación al King Charles de hocico corto. Es un perro muy amable y siempre pendiente de las personas, exigiendo solamente largos paseos y que le cuiden el pelo. Hay quien considera imprescindible amputarle la cola, aunque en algunas exposiciones se ven buenos ejemplares sin esta característica.

Compañía

Chihuahua

Origen: Siglo XIX.
Función original: Compañía.
Función actual: Compañía.
Longevidad: 13 años.
Peso: 1-3 kg.
Altura: 12-22 cm.

HISTORIA

Originario de Méjico, es la raza más antigua del continente americano y no fue importada a Europa hasta finales del siglo pasado. Se trata del perro más pequeño del mundo, y toma su nombre precisamente por el Estado de Chihuahua. Actualmente no se permiten cruces con esta raza.

CARACTERÍSTICAS

El chihuahua es uno de los perros más pequeños que existen. Su cabeza es redonda, con hocico corto y puntiagudo, ojos redondos, relativamente grandes y saltones, y erguidas orejas inclinadas hacia fuera. Existen dos variedades: de pelo corto y de pelo largo.

COMPORTAMIENTO

En ambos casos, es el perro faldero por excelencia; cariñoso y fiel, se estremece al menor soplo de viento y disfruta reposando en el regazo de su amo. Supone un error tenerlo encerrado temiendo por su salud, pues también necesita realizar algún ejercicio físico.

PECULIARIDADES

Aunque se les considera descendientes de los perros sagrados de los aztecas y que llegaron a América en barcos vikingos, es posible que en realidad sean parientes de los podencos portugueses y fueran llevados hasta el continente americano por Hernán Cortés.

Si el animal está bien cuidado y ha recibido cariño, se comporta como un buen vigilante, seguro de sí mismo, atrevido y en ocasiones con fuerte carácter. No necesita de mucho espacio para vivir y moverse, y acepta de buen grado permanecer en brazos de su amo.

El terrier enano moscovita es un perro similar de gran popularidad en Rusia.

Chow-chow

HISTORIA

Se cree que el chow-chow es una raza antigua originaria de China que llegó a Inglaterra traído por mercaderes navegantes desde el Oriente. Su primera referencia histórica en Europa se produce en el Reino Unido en 1780. Las primeras referencias de este perro datan desde hace 2.000 años, aunque solamente se le clasificó cuando fue llevado a Inglaterra por la marina mercante y entregado un ejemplar a Eduardo VII.

CARACTERÍSTICAS

Su aspecto imponente recuerda al de un león. Tiene un cuerpo robusto y musculoso, mientras que el pelaje denso, abundante y largo posee una capa inferior más corta y lanosa. Su ancha cabeza, similar a la de un oso, termina en un hocico en forma de cono con trufa negra. Las orejas son pequeñas, en triángulo, ligeramente redondeadas en las puntas. Los ojos, oscuros y pequeños, en proporción al resto de la cara. Es muy llamativo el color azul violáceo de su lengua y mandíbula. La cola descansa suavemente enroscada sobre un costado. Los pies son pequeños, con dedos curvos cubiertos de pelo corto.

Origen: Antigüedad.
Función original: Guardián,
 tirar de carros, como comida.
Función actual: Compañía.
Longevidad: 11 años.
Peso: 22-38 kg.
Altura: 45-59 cm.

COMPORTAMIENTO

En China se empleaba como perro de trineo y vigilante de carga, siendo, además, su carne y su piel muy apreciadas por los comerciantes.
Tiene fama de ser un perro serio e independiente, pero en realidad el chow-chow es esencialmente fiel a un solo amo. Se adapta mejor a ambientes tranquilos no sujetos a fuertes normas de obediencia. Su pelaje exige ciertos cuidados diarios en épocas de calor.

PECULIARIDADES

Perteneciente a los spitz pesados, es un perro caprichoso que requiere una educación muy inteligente. De aspecto huraño, muestra este defecto solamente con los extraños, a quien gusta saludar con ladridos. Necesita especiales cuidados en los ojos y hocico, además de evitar que gane peso para que no se le rompan los tendones.

Compañía

Dálmata

de Bengala de extraordinario parecido con los dálmatas actuales.

CARACTERÍSTICAS

Se trata de un perro musculoso, de gran hocico, stop moderado y trufa oscura. Sus ojos, también oscuros, son redondos y están bastante separados; las orejas, delgadas, aparecen caídas. Tiene un dorso relativamente largo y no muy ancho que termina en una fuerte cola que va adelgazando hasta terminar en una ligera curva hacia arriba. Está cubierto de un manto de pelo corto, duro y liso, de color blanco moteado en negro o en marrón; los cachorros son completamente blancos.

COMPORTAMIENTO

Sensible y adiestrable, fue utilizado para pastorear ovejas, cazar aves acompañando a los amos, aunque fuera en coche o en caballo y controlar los caballos que tiraban de los carros de bom-

beros. En la actualidad sirve como perro guardián y de salvamento; limpio y ordenado, es muy valorado como perro de compañía.

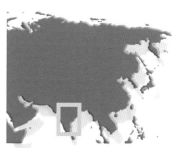

PECULIARIDADES

Alegre, vigoroso y muy amigable con los humanos, parece ser un juguete para los niños. Agraciado y poco agresivo, es un perro que necesita actividad y que gusta de realizar encargos. Los cachorros nacen blancos y las pintas les aparecen después de unos días. Suelen tener cierta predisposición a la sordera.

HISTORIA

De origen incierto, se sabe que es una raza muy antigua, pues ya en los frisos griegos y los papiros egipcios aparecía representado. Hay también quien opina que fue originado en la India y llevado a Grecia por los mercaderes. Las primeras referencias serias sobre este perro datan de hace 1.700 años, en las cuales hablaban de una raza de nombre braco

Origen: Edad Media.
Función original: Caza, compañía en los transportes.
Función actual: Compañía.
Longevidad: 14 años.
Peso: 22-30 kg.
Altura: 48-60 cm.

Griffon de Bruselas

Origen: Siglo XIX.
Función original: Cazar alimañas.
Función actual: Compañía.
Longevidad: 13 años.
Peso: 2-6 Kg.
Altura: 15-20 cm.

HISTORIA

Creado en Bélgica a partir del cruce entre affenpinscher, carlino, yorkshire, schnauzer enano y carlino. Durante muchos años ha gozado de gran popularidad en Bélgica y hoy se disputa el puesto de favorito con varios tipos de terrier. También hay quien piensa que en realidad se trata de un cruce entre el terrier doguillo y el petit brabancon.

CARACTERÍSTICAS

Es un perro muy pequeño pero de un aspecto corporal de fuerte osamenta y marcados músculos. La cabeza es ancha, de cráneo convexo. El hocico es recortado con trufa negra y barbilla grande y marcada. Los ojos, vivos y oscuros, están siempre atentos. Las orejas, semierguidas, están recortadas en triángulo. La cola la tiene amputada a dos tercios de su tamaño. El pelaje puede variar: desde corto (en el caso del pequeño brabantino), típico carlino, a largo y áspero, más propio del griffon belga.

COMPORTAMIENTO

Afectuoso, inteligente y vivaz, posee no obstante un carácter variable e imprevisible. Su ladrido puede llegar a ser molesto y no cesa hasta que no se le hace caso. Criado actualmente para matar bichos en los establos es, no obstante, un buen perro de compañía atractivo y alegre.

PECULIARIDADES

Su gran peso al nacer produce partos complicados, lo que aconseja una esterilización masiva de las hembras. Su parte más sensible es el hocico, el cual debe ser limpiado frecuentemente, lo que no impide que ronquen fuertemente cuando duermen y en ocasiones simplemente al respirar. De gran longevidad, gustan de jugar y correr, considerándoseles como muy afectivos y extraordinarios vigilantes.

El griffon belga es el resultado del cruce con un english toy spaniel, mientras que el petit brabancon posee mezclas del carlino.

Compañía

Keeshond

HISTORIA

Originario de Holanda, donde permanecía en los barcos remolcados o lanchas, su primera referencia data del siglo XVI, pero es en Estados Unidos y Gran Bretaña donde hoy tiene su mayor reconocimiento. Se piensa que tiene cruces de samoyedo, chow-chow y pomerania, y aunque fue un perro sin prestigio durante varios siglos alcanzó gran notoriedad desde principios del siglo XX.

CARACTERÍSTICAS

De aspecto fino pero musculoso y pelaje corto, posee un largo y delgado cuello, una caja torácica amplia; de patas anteriores largas y rectas, sus orejas son pequeñas en forma de rosa. Su aspecto no difiere en ninguna característica del resto de los spitz. Lo más destacable es su parecido al lobo en las tonalidades de su pelaje. El cráneo es claramente cuneiforme, y las orejas, pequeñas, erguidas y puntiagudas, están muy próximas. Sus ojos, de tonalidades oscuras, reflejan una mirada viva e inteligente. Como en la mayoría de los spitz, los dedos de los pies están cubiertos de pelo que les protege del frío. Alrededor del cuello el pelaje se vuelve más fuerte y abundante; también en la cola el pelo es largo y espeso.

COMPORTAMIENTO

Por su carácter fiel y amistoso es utilizado como perro guardián o de compañía. Sumamente presumido, vivaz e inteligente, es un perro con mirada atenta, a quien no se le escapa ningún detalle. Se acomoda perfectamente a la vida en barcos, lo mismo que a vivir en grandes ciudades.

PECULIARIDADES

Conocido igualmente como spitz lobo o spitz holandés, sus ojos dan la impresión de que llevan gafas oscuras. Con su magnífico manto de pelo espeso y duro, que necesita pocos cuidados, consigue tener una apariencia muy interesante.

Origen: Siglo XVI.
Función original: Perro de gabarras o barcos.
Función actual: Compañía, perro guardián.
Longevidad: 13 años.
Peso: 24-32 kg.
Altura: 40-49 cm.

King Charles spaniel

Origen: Siglo XVII.
Función original: Compañía.
Función actual: Compañía.
Longevidad: 11 años.
Peso: 5-7 kg.
Altura: 21-26 cm.

HISTORIA
Aunque el origen de la raza no está muy claro, la variedad actual proviene de la Gran Bretaña del siglo XVII y debe su nombre a Carlos II Estuardo, su principal propulsor. Sumamente protegido por las leyes inglesas, es muy popular por la expresión simpática de su rostro gracias a su corta nariz.

CARACTERÍSTICAS
De aspecto fino pero musculoso y pelaje corto, posee un largo y delgado cuello, un caja torácica amplia, de patas anteriores largas y rectas y orejas pequeñas en forma de rosa. Su hocico es cuadrado y aplastado, con una trufa oscura y respingona, y las fosas nasales muy abiertas. Sus grandes ojos están muy separados y las largas orejas, bien empenachadas, cuelgan hacia las mejillas. Le cubre un manto de pelo largo y sedoso.

COMPORTAMIENTO
Cariñoso y sociable, se muestra tímido con los extraños, aunque en seguida traba nuevas amistades. No ladra casi nunca, por lo que no es apto como perro guardián. Buen compañero, se queda muy triste si le dejan solo.

PECULIARIDADES
Con su pelo corto y la cola amputada, este pequeño animal ha servido esencialmente para calentar los pies a las personas en épocas invernales. Para muchos reyes y reinas fue el perro predilecto, aunque ahora se prefiere el cavalier King Charles.

Compañía

Lhasa apso

Origen: Antigüedad.
Función original: Compañía de los monjes.
Función actual: Compañía.
Longevidad: 14-15 años.
Peso: 6-9 kg.
Altura: 23-29 cm.

HISTORIA

Criado durante siglos por los tibetanos, el lhasa apso se utilizaba como guarda del interior por su tendencia a ladrar agresivamente ante algo desconocido. No llegó a Occidente hasta principios del siglo XX y desde entonces ha sido considerado un buen perro familiar y leal.

CARACTERÍSTICAS

De pequeño tamaño, tiene ciertas semejanzas con el terrier del Tíbet y el shih tzu, con los que al principio se emparentaba. Con trufa negra, orejas caídas y cola respingona, se caracteriza fundamentalmente por el pelo largo y pesado que cubre todo su cuerpo.

COMPORTAMIENTO

Compañero de los monjes durante tanto tiempo, hoy es animal de compañía también en otras partes del mundo. Muy alegre y adaptable a cualquier persona, solamente requiere un gran esmero en cuidar su complicado y largo pelo, muy lacio en la parte superior.

PECULIARIDADES

Animal orgulloso y con cierto comportamiento aristocrático, gusta de ser el centro de la atención, mostrando un gran orgullo, que le proporciona parte de su atractivo, a lo que hay que sumar su peculiar pelo dorado con mezclas de negro y humo.

Pequeño perro león

Compañía

HISTORIA

Esta raza es originaria de Francia y desempeñó un importante papel entre las familias nobles y aristocráticas del siglo XVII. Su aceptación fue de tal grado que incluso aparece representado en importantes cuadros junto a sus dueños; podemos destacar el realizado por Goya para los Duques de Alba. Tanta popularidad se convirtió más tarde en olvido y llegó a ser considerada a mediados del siglo XX una de las razas más raras del mundo. Actualmente está gozando de un nuevo auge, sobre todo en Estados Unidos

Origen: Siglo XVII.
Función original: Compañía.
Función actual: Compañía.
Longevidad: 13 años.
Peso: 4-8,5 kg.
Altura: 25-34 cm.

CARACTERÍSTICAS

Muy similar a otros tipos de bichón, es de pequeño tamaño, con una graciosa cabeza de poco hocico, ojos redondos y orejas caídas. Le cubre un manto de pelo algodonado que cae formando mechones largos y ondulados. La trufa, rosada cuando nace, se vuelve oscura a los tres meses. Pero lo que le distingue de forma particular cuando es presentado en los concursos es su corte de pelo aleonado. Se le esquila parte de sus patas anteriores y posteriores, así como gran parte de la zona posterior del cuerpo, exceptuando el penacho de la cola.

COMPORTAMIENTO

Es una raza sociable y cariñosa que disfruta de la relación con las personas, muy adecuado como animal de compañía. Tiene cualidades para ser un buen perro guardián, aunque por su tamaño se le considera un perro más familiar.

PECULIARIDADES

Se debe tener cierto cuidado en los encuentros con otros perros, pues su carácter impulsivo le empuja a desafiar a otros perros que considera rivales.

Pequinés

Origen: Antigüedad.
Función original: Compañía.
Función actual: Compañía.
Longevidad: 13 años.
Peso: 3-7 kg.
Altura: 14-26 cm.

Compañía

HISTORIA

Su nombre deriva de su origen, pues durante siglos fue el favorito de la corte imperial de Pequín, donde se le pudo encontrar por millares. Llegó a Occidente en 1860 después de la rebelión de los bóxer, traído por los soldados ingleses hasta Gran Bretaña, aunque hasta entonces se le denominaba shih tzu.

CARACTERÍSTICAS

De cabeza ancha, hocico fruncido y trufa corta, el pequinés presenta los ojos, grandes y oscuros, muy separados y bastante saltones, con stop muy marcado y orejas caídas. Termina su cuerpo en una cola curvada cubierta, como el resto, de un manto de pelo largo y áspero.

COMPORTAMIENTO

Sensible, cariñoso, digno y obediente, combina extraordinariamente la gracia y la nobleza y, desconfiado de extraños, es un buen perro guardián, igualmente ideal como perro de compañía.

PECULIARIDADES

Se dice que era uno de los perros que acompañaban a Buda y que luego se convertían en leones, existiendo numerosas figuras antiguas que demuestran esta leyenda. La dinastía Manchú les dio aún más esplendor y durante siglos evitaron que los europeos pudieran poseer alguno. El primero de ellos que llegó a Europa fue para la reina Victoria y por eso es frecuente verlos formando parte de la aristocracia inglesa. Obstinado y orgulloso, no entrega su cariño y confianza a cualquiera, aunque cuando lo hace se convierte en un fiero guardián para defender a su amo.

Difícil de entender y cuidar, suele acusar problemas respiratorios y con los ojos.

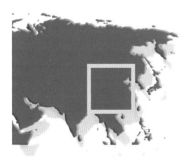

Perro crestado chino

Compañía

HISTORIA

A pesar de su nombre, no existe ninguna prueba de que este perro se originara en China y hay quien piensa que se desarrolló en alguna parte de África o Sudamérica.

CARACTERÍSTICAS

Se trata de un perro desnudo poco conocido, con el cráneo ancho y el hocico largo, con unas orejas quizá demasiado grandes en proporción con el cuerpo y ojos oscuros. Una mata de pelo cubre la parte inferior de las patas y el extremo de la cola, así como la

cima del cráneo, de donde le viene el nombre de «crestado»; el resto del cuerpo aparece completamente sin pelo. Precisa de ambientes templados y, ante la ausencia de medios propios, necesita ser protegido tanto del calor como del frío. Hay, sin embargo, una variedad, conocida como «borla de algodón», cubierta de un pelo largo y abundante.

COMPORTAMIENTO

Es un perro vivaz, cariñoso e inteligente, muy apreciado como perro de compañía, pero lo delicado de su pelo hace que sea abandonado con relativa frecuencia por sus amos.

PECULIARIDADES

Su ausencia de pelo se debe a la necesidad que tienen de evacuar su alta temperatura cutánea, aunque esta peculiaridad hace que sean pocos los cachorros que sobrevivan. Su ausencia de pelaje hace que tengan pocos pro-

blemas en la piel, como los parásitos, y que no generen alergias en los humanos. Aun así, requieren un cepillado frecuente de la piel y protegerles del sol y el frío intensos.

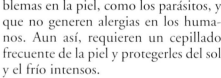

Origen: Antigüedad.
Función original: Compañía.
Función actual: Compañía.
Longevidad: 12 años.
Peso: 2-4 kg.
Altura: 22-35 cm.

Pomerania

CARACTERÍSTICAS

Su pequeño cuerpo está cubierto de un espeso pelaje suave y largo. Su cráneo es cuneiforme. Las orejas son pequeñas, erguidas y triangulares. Los ojos, suavemente ovalados, son oscuros. La cola en forma de anillo descansa sobre el dorso. Sus pequeñas extremidades de finos huesos terminan en diminutos pies cubiertos con pelo corto.

COMPORTAMIENTO

Aunque su tamaño ha sido cada vez menor, su actitud es la de un perro grande, y con la misma valentía es capaz de proteger una propiedad o a su amo, siendo desconfiado, inteligente e intuitivo.

Es muy reconocido como animal de compañía y defensa, y su talante es cariñoso y vivo, ideal para los dos fines.

PECULIARIDADES

Su pelo tarda tres años en crecer y se le encuentra de color blanco, rojo, gris,

HISTORIA

Es el resultado del cruce de distintas variedades de spitz de tamaño pequeño. De origen alemán, se popularizó con la reina Victoria. Guarda todas las características del spitz normal, preferentemente del blanco del norte de Pomerania, Alemania, un animal bastante más grande.

Posteriormente sus creadores pusieron gran interés en lograr una raza de perros más pequeños que llevaron a Gran Bretaña hace cien años.

Origen: Edad Media y siglo XIX.
Función original: Compañía.
Función actual: Compañía.
Longevidad: 14 años.
Peso: 2-4 kg.
Altura: 20-29 cm.

naranja o negro. Aunque su pequeño tamaño puede dar lugar a errores, es un perro muy robusto que ladra sin temor a los intrusos y les hace frente.

Compañía

Schnauzer

Origen: Edad Media.
Función original: Cazador de ratas.
Función actual: Compañía.
Longevidad: 14 años.
Peso: 12-16 kg.
Altura: 42-50 cm.

HISTORIA

Descendiente del schnauzer, del affen-pinscher y el pinscher enano. Aunque de origen alemán, hoy es más popular en Estados Unidos como simpático perro de apartamento. Su hocico, adornado de barba y bigotes, ha dado lugar a ser llamado como schnauzer, cuya traducción del alemán significa bigote.

CARACTERÍSTICAS

De su cuerpo diminuto destaca en tamaño su cabeza cuadrada y larga, de hocico fuerte, bien cubierto por una larga barba que le caracteriza. Las patas traseras, muy musculadas, están siempre preparadas para una rápida carrera; las delanteras son más cortas y totalmente rectas. Su cola está amputada en la tercera vértebra. Las orejas, implantadas altas, también suelen estar cortadas en triángulo, en este caso permanecen erguidas y rectas; si no lo están, tienen forma de «v» y permanecen caídas hacia delante. Sus ojos son oscuros, vivaces y ovalados, protegidos por unas densas cejas. La nariz es negra y su desarrollada mandíbula está dispuesta en tijera. El pelaje de todo su cuerpo es abundante, áspero y duro; además, requiere de constantes cuidados, sobre todo el pelo que forma la barba, ya que hay que limpiársleo después de cada comida.

COMPORTAMIENTO

Su carácter cariñoso y obediente hace de él un compañero perfecto, fácil de adiestrar y adaptable a la vida en familia. Como descendiente de terriers tiene muchas cualidades para la caza menor, y como buen ladrador es útil para la defensa y la vigilancia.

PECULIARIDADES

Vivaz pero controlado, es demasiado atrevido para su tamaño, pero eficaz en la caza de ratas, comportándose fielmente con su amo en cualquier circunstancia.

Compañía

Schnauzer miniatura

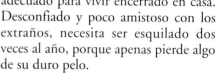

Compañía

HISTORIA

Esta raza, a menudo clasificada como terrier, se originó al sur de Alemania y es la raza original de la que se desarrollaron los demás schnauzer. En algún momento de su historia se realizó un cruce con affenpinscher, aunque para muchos su enanismo se considera un defecto genético.

CARACTERÍSTICAS

Su constitución es cuadrada y robusta, con las patas bien musculadas. Posee una cabeza fuerte y alargada, que se estrecha hacia el hocico, con stop muy

marcado y trufa negra. Lleva amputadas la cola y las orejas que, si no están cortadas, aparecen caídas, mientras que sus oscuros ojos son ovalados. El pelo es áspero, denso y alambrado, frecuentemente negro.

El schnauzer miniatura pertenece a este grupo. Valiente y cariñoso, este perro ha sido utilizado para la caza de ratas y comadrejas, y es también muy apreciado como perro guardián, a pesar de su pequeño tamaño.

COMPORTAMIENTO

Muy pegado afectivamente a su amo, es un animal valiente y atrevido, aunque con un control intenso de sus emociones. Animal muy fácil de adiestrar, no solamente por su inteligencia sino porque es obediente, resulta, en suma, muy simpático y afectuoso cuando es entrenado.

PECULIARIDADES

Valiente y eficaz con los perros grandes, su facilidad para ladrar hace que no sea

adecuado para vivir encerrado en casa. Desconfiado y poco amistoso con los extraños, necesita ser esquilado dos veces al año, porque apenas pierde algo de su duro pelo.

Origen: Siglo XV.
Función original: Cazar ratas.
Función actual: Compañía.
Longevidad: 14 años.
Peso: 6-11 kg.
Altura: 28-37 cm.

Shar pei

Origen: Siglo XVI.
Función original: Luchas de perros, pastoreo, caza.
Función actual: Compañía.
Longevidad: 11 años.
Peso: 14-19 kg.
Altura: 42-50 cm.

HISTORIA

Pariente cercano del chow-chow, este perro tiene su origen en China y en sus antecedentes pudo haber algún cruce entre mastines y perros spitz. A pesar de tanto parentesco, no se parece a ninguna otra raza. Es por tanto un perro sensiblemente diferente a todas las razas y, aunque de aspecto poco atractivo (hay quien le considera el perro más raro del mundo), tiene multitud de admiradores.

CARACTERÍSTICAS

Se caracteriza por su cabeza bastante grande en relación con el cuerpo, pequeñas orejas caídas, pegadas a las mejillas, y un robusto cuello. Grueso y musculoso, está completamente cubierto de un denso pelaje que puede presentar distintos colores.

COMPORTAMIENTO

A veces puede ser agresivo y, gracias a esa cualidad, se le puede emplear con eficacia para la caza del jabalí y para cuidar rebaños especialmente problemáticos.

Igualmente, hay quien le considera un buen adversario para las prohibidas peleas entre perros, o para concursos en los cuales haya que demostrar suma fortaleza, como es el arrastre de objetos pesados.

PECULIARIDADES

Si busca un perro raro, éste es el adecuado. En casa es alegre, de fuerte carácter, cariñoso, atento, aunque reservado con los extraños. Requiere un control sobre su salud, especialmente en los ojos, los párpados y piel. Muy cariñoso y bueno con los niños.

Compañía

Shiba

Origen: Antigüedad.
Función original: Caza menor.
Función actual: Compañía.
Longevidad: 13 años.
Peso: 6-10 kg.
Altura: 32-40 cm.

HISTORIA

Esta es la más pequeña de las razas autóctonas japonesas, probablemente familiar del chow-chow y el kyushu, actualmente popular también en Australia, Europa y Norteamérica. Se considera una de las razas más antiguas del mundo, encontrándose datos en Japón de hace 2.000 años, aunque anteriormente hay referencias de su desarrollo en China.

CARACTERÍSTICAS

Tiene el hocico puntiagudo, frente ancha y trufa oscura; ojos pequeños y orejas triangulares perfectamente erguidas. De constitución robusta, su cuerpo termina en una gruesa cola en forma de hoz, cubierta, como el resto, con un manto de pelo denso y duro. Con su caña nasal recta, sus ojos pardo oscuros y el cuello robusto, es un animal que presenta un aspecto muy sólido.

COMPORTAMIENTO

Rara vez ladra y, en lugar de eso, chilla extraordinariamente. Su carácter le hace adecuado para la caza menor y la guarda de las casas, aunque en la mayoría de los casos su función se reduce a perro de compañía, donde se comporta como un animal afectuoso y fácil de adiestrar.

PECULIARIDADES

Aún se conservan figuras con su esfinge que tienen más de 4.000 años, en las cuales se le puede ver cazando ciervos. Actualmente se usa para la caza menor aunque puede utilizarse incluso para la caza del oso y del jabalí. Muy inquieto y cariñoso, se le considera un perro inteligente, robusto y que se adapta bien al hogar y a los cambios climáticos.

Compañía

Shih tzu

Origen: Siglo XVII.
Función original: Perro de la corte del emperador.
Función actual: Compañía.
Longevidad: 14 años.
Peso: 3-8 kg.
Altura: 20-27 cm.

PECULIARIDADES

Es casi un perro sagrado al estar ligado a la religión budista. Conocido también por su cabeza de león y por moverse como los peces de colores. Posee un pelaje que requiere muchos cuidados. Su poco peso y tamaño, además de su espléndida cabeza redonda, le proporcionan un aspecto simpático y lleno de encanto, especialmente para los niños. Aunque parece un perro de salón, lo cierto es que se adapta perfectamente a todo tipo de trabajo.

HISTORIA

Descendiente del lhasa apso, tiene su origen en China, donde, durante siglos, fue criado por los monjes budistas, siendo, además, uno de los favoritos en la corte imperial. Conocido más vulgarmente como perro león, hay quien considera que en realidad es un cruce entre un pequinés y el lhasa apso, lo que puede ser factible.

CARACTERÍSTICAS

Con cabeza redonda, hocico cuadrado y corto con trufa negra, sus ojos oscuros, grandes y redondos, están muy separados y son algo saltones. Tiene orejas largas y caídas, y una espesa cola enroscada. Su pelo es largo y abundante y, curiosamente, en la zona de la nariz le crece hacia arriba, cubriendo parte de la cabeza.

COMPORTAMIENTO

Cariñoso y juguetón, es un adorable perro de compañía. Además puede ser igualmente adecuado como perro guardián gracias a su carácter valiente, y también nos servirá perfectamente como buen ejemplar en concursos y exhibiciones.

Compañía

Spitz

HISTORIA

La primera referencia es de finales del siglo XVI y principios del XVII. La teoría más aceptada es la llegada de perros con características similares a Europa traídos por los vikingos. Aunque Alemania es su país de origen, su número en este país ha disminuido considerablemente. Hoy se encuentran ejemplares de esta raza por toda Europa.

CARACTERÍSTICAS

Su cuerpo está perfectamente estructurado y, debido al largo pelo que tiene, aparenta tener las extremidades cortas, pero están bien proporcionadas, siendo fuertes y musculosas, terminadas en pequeños pies con dedos cubiertos por pelo que le preserva del frío. La cola, que en forma de anillo descansa sobre el dorso, tiene un pelaje largo y abundante. El cráneo de todos los spitz es cuneiforme, con un stop bien pronunciado, el hocico estrecho y no demasiado largo. Las orejas, pequeñas, están erguidas y próximas entre sí. Los ojos, ligeramente almendrados, son de color oscuro y la mirada es dulce e inteligente. El pelaje es largo y duro, más corto en la cabeza, y áspero y abundante en el pecho y cuello; precisa continuos cuidados.

El spitz puede ser de tres tamaños: grande, mediano y pequeño, y en todos las características son iguales, pudiendo variar en el color de los mayores, que siempre es blanco, marrón o negro. Igualmente, los colores pueden ser muy variados en los otros tamaños.

COMPORTAMIENTO

El spitz se ha utilizado sobre todo como animal de compañía o defensa, pero por su carácter independiente requiere un adiestramiento muy riguroso.

PECULIARIDADES

Muy parecidos a la raza pomerania, los spitz han ganado adeptos desde los años 60, especialmente por su robustez, que les hace capaces de enfrentarse a perros mucho mayores.

Son adecuados para concursos y exposiciones, puesto que su gran pelaje e inteligencia permiten a sus dueños mostrarles con facilidad.

El spitz mediano posee un pelaje largo y áspero y pies pequeños, mientras que el spitz pequeño posee un fuerte pelaje que le protege del mal tiempo.

También existen el spitz finlandés, descendiente del laika ruso, así como el spitz japonés, del cual se conocen cuatro variedades.

Origen: Siglo XVII.
Función original: Compañía (grande, pequeño); trabajador en las granjas (mediano).
Función actual: Compañía (grande, mediano, pequeño).
Longevidad: 10-15 años.
Peso: 6-16 kg.
Altura: 21-40 cm.

Compañía

Tibetan spaniel

HISTORIA

Aunque tiene similitud con otras razas del Tíbet, se desconoce a ciencia cierta si procede de China, siendo considerado por algunos como antecedente del chin. Hay quien considera, no obstante, que es el resultado de algún cruce con el pekinés o el spaniel japonés.

CARACTERÍSTICAS

De tamaño mediano, posee un hocico fuerte rematado con una trufa negra; ojos marrones y orejas caídas, implantadas altas en la cabeza. Termina su cuerpo en una cola abundantemente empenachada, que se curva sobre el dorso, cubierto también de un pelo abundante y sedoso. Con su cráneo potente en forma de cúpula y sus ojos de color marrón, consigue tener una mirada intensa y hasta cierto punto poderosa.

COMPORTAMIENTO

Vivaz y amistoso, está atento a cualquier ruido y se muestra agresivo con los extraños. Es un buen perro guardián y un excelente compañero. No obstante, esto no debe hacer pensar que es un perro apto para estar encerrado en un piso, puesto que su lugar ideal es el campo.

PECULIARIDADES

Perteneciente a los perros león, aunque se diferencia de los demás en su procedencia rural, también formaba parte de la comunidad religiosa budista. Con su pelo abundante y aplastado, de colores tan diversos como el rubio, negro, blanco, marrón y crema, es un perro que goza de un gran atractivo, salvo cuando muestra sus afilados caninos.

Origen: Antigüedad.
Función original: Compañía en los monasterios.
Función actual: Compañía.
Longevidad: 14 años.
Peso: 3-7 kg.
Altura: 19-25 cm.

Compañía

Yorkshire terrier

HISTORIA

Se sabe que esta raza fue creada a principios del siglo pasado por los mineros de Yorkshire para que les acompañaran en sus trabajos en las galerías de las minas y les defendieran ante las plagas de ratas que allí habitaban. Hoy se ha convertido en la estrella de los perros de compañía de más reducido tamaño, sobre todo en Europa y Estados Unidos.

CARACTERÍSTICAS

La estructura corporal, bien proporcionada y flexible, le dota de gran movilidad. La cabeza es pequeña, con un hocico corto y trufa negra bien visible, los ojos grandes, oscuros y llenos de vida. Sus orejas, erguidas o semierguidas, en forma de «v», tienen el pelo cortado. Su pelaje es muy largo, totalmente liso, más oscuro en la raíz que en las puntas, siendo necesario sujetarles con

Origen: Siglo XIX.
Función original: Cazar ratas.
Función actual: Compañía.
Longevidad: 15 años.
Peso: 2-5 kg.
Altura: 19-25 cm.

una cinta el pelo que cubre los ojos para mejorar su visibilidad. La cola está amputada hacia la mitad en posición casi siempre alta.

COMPORTAMIENTO

El Yorkshire parece no ser consciente de las limitaciones de su tamaño, se mueve incansablemente y es capaz de enfrentarse a perros más poderosos. Buen vigilante y mejor compañero, se adapta perfectamente a la vida en la ciudad.

PECULIARIDADES

Su origen es un cruce entre clydesdale terrier y con la variación azul del terrier negro. Suele ser un líder en las exposiciones, aunque para llegar a esto requiere grandes cuidados, entre ellos mantenerles encerrados en jaulas, impidiéndoles jugar y revolcarse por los campos. Alegre e inteligente, se adapta con facilidad a sus nuevos amos y es muy cariñoso.

Razas *tipo* Lebreles

Afgano

Borzoi

Deerhound

Galgo italiano

Irish wolfhound

Perro de los faraones

Saluki

Whippet

Afgano

HISTORIA

Se cree que esta raza tiene su origen en Oriente Medio, en el Sinaí, aunque hoy en día su cría se ha centrado en el mundo occidental y Afganistán, donde aún se emplea como perro pastor de

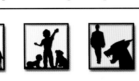

Origen: Antigüedad/siglo XVII.
Función original: Caza mayor.
Función actual: Compañía, guardar, cazar.
Longevidad: 13 años.
Peso: 22-38 kg.
Altura: 62-75 cm.

ovejas o cazador de gacelas y lobos. Su presencia se cita ya en los papiros egipcios desde hace 5.000 años y le podemos ver dibujado en algunas grutas de Afganistán.

CARACTERÍSTICAS

Principalmente está considerado como animal de compañía de gran belleza física, mostrando un aspecto elegante gracias a un abundante y largo pelaje que exige un cuidado diario.

Aunque su pelo es muy abundante en todo su cuerpo, en la cara y cuello es bastante más corto, al igual que en su pequeña cola. Las orejas en posición trasera caen pegadas a la cara, configurando entre éstas y la frente un rostro alargado, mientras que sus ojos son de un hermoso color anaranjado.

En Afganistán se pueden observar tres tipos de afganos: de pelo corto (desarrollado en la zona más cercana a la Unión Soviética), de pelo empenachado, y de pelo largo y espeso, como es el perro de montaña.

COMPORTAMIENTO

Pertenece a los lebreles, grupo de conocido carácter independiente, por lo que su adiestramiento es, en muchas ocasiones, largo e insistente.

PECULIARIDADES

Para muchos, el afghan hound es uno de los perros más bellos, aunque hay sensibles diferencias entre sus variedades. No obstante, tanto el de montaña como el del desierto mantienen su habilidad para cazar toda clase de animales, incluidos leopardos. De carácter independiente, es un animal orgulloso, insensible a las caricias y en ocasiones celoso. No responde a las llamadas, por lo que es fácil que se extravíe. Su pelo exige cuidados diarios y laboriosos.

Lebreles

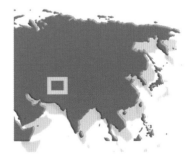

Borzoi

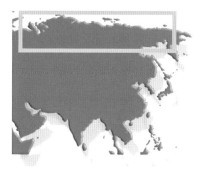

HISTORIA

Aunque hoy día sólo se utiliza como animal de compañía, en la antigua Unión Soviética se utilizó como perro cazador de lobos y protector del hombre. Fue importado de Arabia en el siglo XVII por la realeza rusa con el fin de cruzarlo con el collie y algunos perros lapones. Su habilidad agarrando el cuello de los lobos le proporcionó una fama legendaria.

CARACTERÍSTICAS

Con grandes cualidades para la caza, el Borzoi, nombre que se utiliza para designar a varias razas de lebreles en Rusia, tiene un cuerpo alargado, fuerte y perfectamente estructurado. Su cara es alargada, con ojos de forma almendrada y juntos, así como pies estrechos de pelo corto y suave.

COMPORTAMIENTO

Posee una gran inteligencia, lo que unido a su porte aristocrático, le convierte en un perro muy apreciado. Aunque antiguamente fue un gran cazador de lobos con quienes peleaba ferozmente, desde el siglo pasado se convirtió en un noble perro de compañía.

PECULIARIDADES

Este galgo ruso, de gran belleza y silueta grácil, también podemos encontrarlo con el nombre de barzaia. Necesita salir diariamente al aire libre y efectuar carreras.

Origen: Edad Media.
Función original: Cazar lobos.
Función actual: Compañía.
Longevidad: 13 años.
Peso: 34-47 kg.
Altura: 67-78 cm.

Deerhound

HISTORIA

La historia sitúa su origen más remoto como cazador en distintos puntos de Escocia durante la Edad Media, extendiéndose posteriormente por toda Gran Bretaña; aunque quedaron pocos ejemplares, en la actualidad se está produciendo una recuperación de estos ejemplares en este país. Sin embargo, en el sur de África sigue siendo una de las razas de perros cazadores más utilizada, legado del imperio británico.

CARACTERÍSTICAS

Su cuello largo y ancho aparece cubierto de un pelaje más largo que el del resto del cuerpo. La cabeza es alargada, ligeramente alzada a la altura de los ojos, normalmente de color marrón oscuro, cuya mirada noble denota su carácter amable y obediente. Su cola es larga y ligeramente arqueada, de posición siempre baja. Sus fuertes patas terminan en cortos dedos. El pelaje es fuerte, abundante y casi siempre oscuro,

más suave en el abdomen que en el resto del cuerpo.

COMPORTAMIENTO

Cariñoso, leal y obediente, navega siempre entre dos aguas, la timidez y la indolencia, comportándose de manera peculiar y diferente al resto de los perros.

PECULIARIDADES

De fácil adaptación a los climas rudos, debemos su fama como perro aristócrata al poeta Sir Walter Scott, quien se encargó de darle una aureo-la especial en sus libros. Ahora es un perro que gusta correr largas distancias, incluso detrás de los caballos, pero se encuentra igualmente bien en el hogar, donde se comporta con tranquilidad y obediencia.

Origen: Edad Media.
Función original: Cazar venados.
Función actual: Compañía.
Longevidad: 12 años.
Peso: 35-46 kg.
Altura: 70-76 cm.

Lebreles

Galgo italiano

HISTORIA

Se trata de una raza cuyos antepasados se remontan al Antiguo Egipto, donde se tienen referencias de ejemplares similares. Parece ser que contaba con gran aprecio por parte de sus dueños pues se han encontrado ejemplares momificados en las tumbas de sus propietarios. Más tarde ha sido compañero habitual entre los reyes y la corte de Europa.

CARACTERÍSTICAS

Creado durante miles de años a partir

de lebreles de tamaño estándar, ha mantenido en gran medida las proporciones originales. Su pecho es bajo y estrecho, lo que le permite disponer de especial resistencia en la carrera, aunque por su utilización como perro de compañia es muy extraño que llegue a poner a prueba sus cualidades atléticas.

COMPORTAMIENTO

Es un excelente animal doméstico, amante del hogar. Su pulcritud, además de que suelta poco pelo y que casi no produce olor, le hacen ser muy valorado como perro de compañia en familias que viven en hogares de reducidas dimensiones.

Necesita de frecuentes paseos por el campo pues le encanta hacer mucho ejercicio, aunque su temperamento es tranquilo.

PECULIARIDADES

Su tamaño le da una imagen de fragilidad que no se corresponde con la

realidad. En el único aspecto que habremos que tener especial cuidado es con la llegada del invierno, pues se ve afectado por el frio y necesitará de un abrigo que le proteja

Origen: Antigüedad
Función original: Compañía
Función actual: Compañía
Longevidad: 14 años.
Peso: 3,5 - 4 kg.
Altura: 35 - 40 cm.

Irish wolfhound

Origen: Antigüedad/siglo XIX.
Función original: Cazar lobos.
Función actual: Compañía.
Longevidad: 12 años.
Peso: 39-56 kg.
Altura: 70-92 cm.

HISTORIA

Cazador de lobos para los celtas, llevado a Irlanda a través del mar por los romanos, y recuperado al borde de su extinción a partir de 1850, se convirtió en una raza más fuerte gracias a las mezclas efectuadas con derhound, dogo y worfhound más puros.

CARACTERÍSTICAS

De aspecto fino pero musculoso y pelaje medio, posee un largo y delgado cuello, un caja torácica amplia, de patas anteriores largas y rectas, y orejas pequeñas en forma de rosa. Sus extremidades son musculosas y largas. Tiene un tórax profundo y el cuello ligeramente inclinado.

La cabeza es alargada, con orejas de tendencia trasera. Los ojos de color ámbar están parcialmente tapados por el pelo que surge de la frente. El pelaje es áspero y largo, y la cola casi siempre baja es suavemente curva.

COMPORTAMIENTO

Por su carácter dócil y cariñoso, su utilización se ha limitado a perro de compañía, aunque debido a su capacidad de carrera es, en ocasiones, utilizado para la caza.

Tras un duro adiestramiento y su fuerte sentimiento de fidelidad, puede llegar a ser un peligroso perro guardián con gran habilidad para hacer presa en el cuello de sus víctimas.

PECULIARIDADES

Majestuoso, tranquilo y bueno con los niños, necesita dar largos paseos y efectuar saltos, aunque no debe realizar muchos esfuerzos hasta que no sea adulto.

Lebreles

Perro de los faraones

HISTORIA

Hay muchas posibilidades de que esta raza tenga su origen en Oriente Medio, más concretamente en la Península Arábiga. Los encargados de que llegaran a las costas mediterráneas y, más en concreto, que permanecieran de forma aislada sin sufrir grandes cambios evolutivos, fueron los comerciantes fenicios y cartagineses, quienes los trasladaron a islas como Malta, Sicilia o las Baleares. Gran número de estos ejemplares se desarrollaron más tarde también en las costas mediterráneas de Francia, España e Italia, teniendo su máximo interés para los criadores de perros en los años 60.

CARACTERÍSTICAS

De su estilizado cuerpo, claramente apto para la caza, destacan sus largas patas terminadas en pies fuertes de dedos y uñas claros. Posee una larga cola de nacimiento ancha y un pecho pro-

fundo y claro, desde cuyo final se advierten los hombros de tendencia trasera. El largo cuello sensiblemente inclinado termina en una cabeza alargada, con puntiagudas orejas que se muestran erguidas cuando su estado es vigilante. Los ojos de color caramelo y ligeramente almendrados están bastante juntos, lo que le proporcionan junto a su desarrollado sentido del olfato y oído grandes aptitudes para la caza. El corto pelaje de color rojizo que envuelve su cuerpo requiere escasas atenciones. Su nariz de color rosáceo se vuelve rojiza ante situaciones de peligro o excitación.

COMPORTAMIENTO

Se trata de un perro simpático, alegre y muy amigo de los juegos, al que es fácil educar.

PECULIARIDADES

Este perro de los faraones, o kelb tal fenek, es un simpático perro de compa-

ñía, amante de los juegos. Leal y dócil, necesita correr diariamente y suele delatar su nerviosismo porque se le enrojece la nariz.

Origen: Antigüedad.
Función original: Caza.
Función actual: Compañía y caza.
Longevidad: 13 años.
Peso: 18-26 kg.
Altura: 51-64 cm.

Saluki

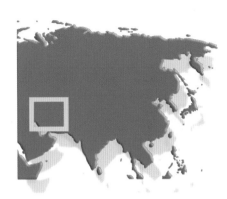

cualidades innatas para la caza, especialmente por su fino oído, ahora es un adecuado perro de compañía, limpio y agradable.

PECULIARIDADES
Bello, elegante y de larga zancada, este perro no pasa inadvertido. Acelera en la carrera con suma rapidez y su alta velocidad le permite dar caza a las gacelas. No es aconsejable ponerlo junto a gatos o perros pequeños.

HISTORIA
Originario de Irán, acompañaba a los beduinos nómadas en la caza con un curioso colaborador, el halcón, quien inmovilizaba a las piezas hasta que el saluki las atrapaba. Teniendo en cuenta que el fundamentalismo islámico considera a los perros como impuros, esta raza del grupo de los lebreles ha estado protegida e incluso ha gozado de ciertos privilegios en sus cuidados, e incluso su concienzuda crianza es una de las más largas en el tiempo.

CARACTERÍSTICAS
Su variedad cromática origina espectaculares mezclas. Su cuerpo delgado y fuerte está cubierto de un fino pelo, más largo en su cola, cuello, orejas y parte posterior de sus patas delanteras y traseras. Tiene un pecho muy profundo que alberga un aparato respiratorio con gran capacidad de resistencia. Su cabeza es plana y muy alargada, y sus ojos son pequeños, de color marrón.

COMPORTAMIENTO
Perro de carácter suave, necesita igualmente un trato dulce, correspondiendo a ello con dulzura y afecto, especialmente con los niños. Aunque posee

Origen: Antigüedad.
Función original: Cazar gacelas.
Función actual: Compañía, perseguir liebres.
Longevidad: 13 años.
Peso: 12-25 kg.
Altura: 56-72 cm.

Whippet

Origen: Siglo XIX.
Función original: Coursing, carreras.
Función actual: Compañía, coursing, carreras.
Longevidad: 17-18 años.
Peso: 10-14 kg.
Altura: 41-50 cm.

Lebreles

HISTORIA

Surge a finales del siglo XIX en Inglaterra, producto del cruce del greyhound y del terrier, siendo empleado preferentemente como perro de carreras similar a un galgo pequeño. Su nombre, de origen inglés, quiere decir «moverse rápidamente».

CARACTERÍSTICAS

Todo su cuerpo está cubierto por una fina piel de un pelaje corto de fácil cuidado. Sus músculos son fuertes y alargados, y su pecho profundo facilita su resistencia. La cabeza es fina y alargada, de rasgos perfilados. Posee unos vivos ojos ovalados de color castaño y orejas pequeñas en forma de rosa. Su cola es fina y larga, casi siempre situada entre las piernas. Se le puede encontrar frecuentemente de color negro, rojo, rubio, blanco, azul e incluso con varios de éstos mezclados.

COMPORTAMIENTO

Su utilización hoy, al igual que entonces, está centrada en los canódromos, en carreras de corta distancia, pudiendo alcanzar hasta los 60 km/h. Pero por su carácter amistoso e inteligente es un excelente animal de compañía y notable guardián.

PECULIARIDADES

Su genética le impulsa a correr y es por eso un serio competidor para los galgos. Afectuoso con los humanos, no requiere muchos cuidados y se muestra tranquilo, alegre y muy juguetón. Animal sumamente longevo, es capaz de vivir sin enfermedades, manteniéndose muy delgado a base de una dieta escueta.

Otras razas del mundo

Aidi o perro del Atlas
Akbash
Alapaha blue blood bulldog
American bulldog
American pit bull terrier
American staghound
American toy terrier
Anglo-français de petite vénerie
Appenzeller sennenhund
Azawakh
Basset artésien normand
Basset bleu de Gascogne
Basset de los Alpes
Beagle harrier
Berner laufhund
Berner niederlaufhund
Berner sennenhund
Bichón habanero
Billy
Bluetick coonhound
Bouledogue français
Boyero de Australia
Boyero de Flandes
Braco húngaro o magyar vizsla
Braco italiano

Beagle harrier

Braque de l´Ariège
Braque du Bourbonnais
Braque français, gascogne o
    braque français de grande taille
Braque Saint-Germain o braque
    de compiegne
Briquet griffon vendéen
Bruno del Jura
Bull boxer
Caniche enano

Cão da Serra de Aires
Cão de castro laboreiro
Carlino
Carolina dog
Catahoula leopard dog
Ceskoslovenski vlac
Cesky terrier
Chacal del Semién
Chien d´Artois o briquet
Chin

Chin

Chinook
Cirneco dell´Etna
Clumber spaniel
Cocker spaniel americano
Cockerpoo
Coton de Tuléar
Curly-coated retrevier
Czesky fousek
Dansk/Svensk gardhund
Dogo alemán
Dogo argentino
Dogo de burdeos
Dogo del Tíbet
Drentsche patrijshond
Drever
Dunker
English coonhound
Entlebucher sennenhund
Épagneul bleu de Picardie
Épagneul bretón
Épagneul du Pont-Audemer
Épagneul français
Épagneul picard
Eurasier
Fila brasileiro

Flat-coated retriever
Français blanc et noir
Français tricolore
Gammel dansk honsehund
Glen of imaal terrier
Grand anglo-français blanc et noir
Grand anglo-français tricolore
Grand basset griffon vendéen
Grand gascon saintogeois
Grand griffon vendéen
Griffon fauve de Bretagne
Griffon nivernais
Grifón de pelo duro
Gronlandshund
Haldenstövare
Harrier
Himalayan sheepdog
Hokkaido o ainu
Hollandse smoushond
Hygenhund
Jack Russell terrier
Jämthund
Jindo
Jura laufhund
Kai o kohshu-tora

Spitz finlandés

Kangal o karabash
Kelpie
Kerry beagle
Kerry blue terrier
Kleiner münsterländer
Komondor
Kooikerhondje o pequeño perro
    holandés de caza acuática
Kuvasz

Kyi leo
Labradoodle
Laekenois o pastor belga laekenois
Laika de Siberia occidental
Laika de Siberia oriental
Laika ruso-europeo

Sealyham Terrier

Lancashire heeler
Landseer
Leonberger
Lucas terrier
Lurcher
Luzerner laufhund
Luzerner niederlaufhund
Mastín napolitano
Mudi
New Guinea singing dog
New Zealand huntaway
Norbotten spets
Norsk buhund
Norsk elghund gris
Norsk negro
North american shepherd
Olde english bulldogge
Papillon
Parson Jack Russell terrier

Parson Jack Russell terrier

Pastor belga
Pastor belga groenendael
Peintinger
Perdiguero de Burgos
Perdiguero portugués
Perro de agua americano

Perro de agua frisón o wetterhoun
Perro de agua irlandés
Perro de osos de Carelia o karjalan
    karhunkoira
Perro de pastor de Islandia
    o islandsk farehond
Perro de presa canario
Perro desnudo del Perú
Perro desnudo mexicano
    o xoloitzcuintle o tepeizeuintle
Perro finlandés de Laponia
Perro lobo de Saarlos
Perro pastor croata o hrvatski ovcar
Perro pastor de Karst o krazski
    ovcar
Perro pastor holandés
Petit basset griffon vendéen
Petit bleu de Gascogne
Pinscher

West Highland white terrier

Pinscher austriaco de pelo corto
Pinscher enano
Plott hound
Plummer terrier
Poitevin
Porcelaine
Pudelpointer
Pumi
Rafeiro do Alentejo
Rampur greyhound
Redbone coonhound
Sabueso de Bosnia de pelo duro
    o bosanski ostrodlaki gonic barak
Sabueso de Istria de pelo corto
    o istarski kratkodlaki gonic
Sabueso de Istria de pelo duro
    o istarski ostrodlaki gonic
Sabueso de los Balcanes
    o balkanski gonic
Sabueso de sangre de Baviera

Sabueso de sangre de Hannover
Sabueso de Transilvania
Sabueso eslovaco o slovensky
    kopov
Sabueso italiano o segugio italiano

Welsh terrier

Sabueso tricolor yugoslavo
    o jugoslavenski trobojni gonic
Sabueso yugoslavo de montaña
    o jugoslavenski planiski gonic
Sarplaninac o perro pastor ilírico
Schapendoes
Schiller stövare
Schipperke
Schnauzer gigante
Sealyham terrier
Shikoku
Shiloh shepherd
Sloughi
Slovensky cuvac
Slovensky hruborsty stavac
Smaländsstövare
Spinone italiano
Spitz filandés
Spitz japonés
Stabyhoun
Suomenajokoira
Sussex spaniel
Terrier alemán o deutscher
    jagdterrier
Terrier del Tíbet
Terrier japonés o nihon teria
Terrier negro ruso
Thai ridgeback
Tibetan apso
Treeing walker coonhound
Vallhund sueco
Volpino italiano
Welsh terrier
West Highland white terrier
Wolf spitz

Índice alfabético

Bullmastiff

Chow-chow

Husky siberiano

Rhodesian ridgeback

Yorkshire terrier